Oliver P. Richmond

PEACE

平和理論入門

A Very Short Introduction

オリバー・リッチモンド 著

佐々木　寛 訳

法律文化社

謝　辞

　各匿名の校閲者のみなさん，そしてマイク・プー（Mike Pugh），アリソン・ワトソン（Alison Watson），ルーシー・リッチモンド（Lucy Richmond）とカーメル・リッチモンド（Carmel Richmond），ジャスミン・ラモヴィック（Jasmin Ramovic）の助力に感謝する。また，私に学びを与え，勇気づけてくれた他のいく人かの方々にもお礼を申し上げたい。加えて，オープンユニバーシティプレスのアンドレア・キーガン（Andrea Keegan）とエマ・マ（Emma Ma）両氏の献身的なサポートにも感謝する。

日本語版への序文

　この小さな本は，長い時間をかけて作られたものだが，2014年に初めて英語で出版されて以来，これまである程度の重要な進展も見られた。この本は，すでに亡くなられた方も含め，多くの偉大な人々のおかげで誕生した。特にAJRグルーム氏は，私をこの道へと導いてくれた恩人に他ならない。その後私は，職業人生のすべてを紛争の影響を受けた社会における平和創造に関する問題に費やし，その内のいくつかの地域で生活し，その周辺を広範に旅してきた。私はかなり前より，私たちの多くが，遠い昔，あるいは最近の戦争の影響を受けているにもかかわらず（また，戦争が私たちに与える影響にしばしば気づいていないのにもかかわらず），平和創造に関する知識は非常に限られていることに気づいていた。平和創造に関して，それはしばしばハイレベルなプロセスにだけに光が当てられ，その他はあまり顧みられないか無視されている。平和と戦争の緊密な関係によって引き起こされるパラドックスは魅力的であり，その多くは未解決のままである。この分野で30年近く研究を続けてきた私は，この小さな本を通じて，広く共有されている平和創造の実践について学んだことをより分かり易く整理し，広めることを試みたいと思った。

　勝者の平和，力の均衡，平和維持，調停，交渉，外交，民主的平和などに関する長年にわたるよく知られた議論や実践とは別に，私は，平和を支える多くの目に見えない社会的プロセスについて理解が深まり，研究が増えていることを明らかにしたいと思った。このような作業は，しばしば最も困難な状況の中で行われる。そのために私は，デイヴィッド・ミトラニー，ジョン・バートン，ケネス＆エリス・ボールディング，ジャン・ポール・レデラック，そしてより最近では，批判理論，フェミニズム，ポストコロニアリズムといった，より広範な批判的知識集団の長年の研究成果を活用した。私の研究は，多元主義，和解，持続可能性のために，被抑圧的で日常的，そしてハイブリッドな平和創造の行為主体が持つ幅広い意味を強調するとともに，平和創造の手段をめ

ぐる国家的・国際的な限界も明らかにするよう努めた。

　最近になってようやく注目されるようになったここ数十年の，凍結され，失敗した数多くの平和プロセスを見てほしい。それ以前の日常的な平和への関わりが，歴史を通じて，平和創造に対するエリートや組織的なアプローチが行き詰まったときでさえも，進化を遂げてきた。そのような平和への関与は，戦争や暴力の長年の遺産である社会のローカルな慣習に組み込まれることもあれば，（日本のように）一国の潜在的な平和主義的政治文化や憲法全体に組み込まれることもある。最も注目すべきは，平和の手段や枠組みはまた，協力，外交，法，政治，経済などの国際システムにも組み込まれてきたということである。このことは，カントをはじめとする多くの学者たちが18世紀にすでに気づいていたことであり，F.H.ヒンズレーが1962年に発表した『権力と平和の追求』という優れた研究の中でも指摘されている。このような平和創造の手段とその統合は，国家システムを超越しようとするものであり，歴史全体を通じて重要である。地域的な共同体は，限定的な方法で暴力を禁止し，小規模な地域紛争のための基本的な平和創造手段を開発し，はるかに大規模な平和創造，正義，国家改革に関する新たな理解を生み出すことができるかもしれないが，しかし逆説的に，これが国際的な援助によってのみ達成可能であることは明らかである。

　平和研究者たちは，市民社会のネットワークや学問が平和創造のヴィジョンを先導し，19世紀から20世紀にかけて何度か起こったように，戦争が勃発したり，時代遅れの平和創造の手段が失敗したときに，エリートたちによってそれらが準備されてきたと長い間考えてきた。こうしたダイナミズムは，絶え間ない革新を必要とするが，地域戦争や世界戦争といった体系的かつ極めて危険な紛争の後でなければ，そうした革新がもたらされることはほとんどなかった。しかし，これまでに生まれた平和秩序は，非常に実体のあるものである一方で，未だ非常に脆弱であり，よく理解されているとも言えない。実際，本書が示すように，平和秩序は複雑化すればするほど，不安定になるものである。最近の研究では，社会契約や世界秩序を再構築する政治社会的・歴史システム的プロセスとしての平和創造に大きな注目が集まり始めており，消極的／積極的，あるいはリベラルな形の勝者の平和から，日常的でハイブリッドな，そし

てグローバルで世代間倫理を考慮した，より解放的で持続的，かつ公正な形の平和へと議論が移しつつある。

　したがって，このような複雑な知識を，専門家以外のより多くの一般読者に届けることは非常に重要であり，本書はそのために生まれた。さらに，20世紀の全体戦争が終結して以来，平和に関する知識の発展や平和創造の手段の進化は加速しているものの，既存の手段やアプローチの多くが行き詰まっていることは明らかである。最近のウクライナにおける和平プロセス失敗後の戦争の勃発が示しているように，ますます拡大する戦争や紛争，政治的暴力に対処するためには，政治的エリートではなく，市民社会，学者，科学者に期待されるような実質的な技術革新が再び求められているのである。平和創造における新たなイノベーションを生み出すためには，平和創造に関するより広範な知識と，こうした閉塞感を克服するための横断的かつ国家を超えた持続的な努力が必要であり，本書がこの大事業を少しでも支えることができればと願っている。

目　次

訳者解説

　本書の原文は，Oliver P. Richmond, *Peace: Short Introduction*, Oxford University Press, 2014.（第 1 版）である（なお，第 2 版の出版は，2023 年 6 月）。著者のオリバー・リッチモンド氏の著作としては，日本で初めての刊行となる。現在，世界的に紛争研究，平和構築理論を先導するリッチモンド氏は，平和研究や国際関係論を学ぶ諸氏にはすでにかなり有名であるが，日本初の刊行ということもあり，まずは簡潔に彼のプロフィールを紹介したい。

　同氏は，キプロスのニコシア大学やスコットランドのセント・アンドリュース大学での勤務後，現在は，国際関係，平和，紛争研究の正教授として，英国マンチェスター大学政治学部に所属している。また，ドイツのチュービンゲン大学，ポルトガルのコインブラ大学，アイルランドのダブリン市立大学などでも客員教授を務めている。マンチェスター大学の研究者紹介によれば，彼は同大学の「平和・紛争研究修士課程（the MA in Peace and Conflict Studies）」の創設者であり，同大学政治学部の核となるモジュール（テーマ別カリキュラム）の運用にも貢献している。また，2019 年には，世界国際関係学会（ISA）から顕著な業績を示した研究者に贈られる「Eminent Scholar Award」を受賞した。

　同氏はまた，紛争と平和構築の新しい理解方法を探求するためにつくられた，パルグレイブ・ブック・シリーズ「平和紛争研究の再考（Rethinking Peace and Conflict Studie）」（https://www.palgrave.com/gp/series/14500）や，『パルグレイブ平和紛争研究事典（*The Palgrave Encyclopedia of Peace and Conflict Studies*）』，雑誌『平和構築（*Peacebuilding*）』（https://www.tandfonline.com/toc/rpcb20/current）の共同編集者も務めている。また，他にも複数の主要学術誌の編集委員を務め，英国王立芸術協会のフェローでもある。

　しかし，同氏を語る上で欠かすことができないのは，本書の「日本語版への序文」にもあるように，このような大学や学会での活躍に加え，その世界中を駆け巡る旺盛な実践＝研究活動である。同氏は，国連を中心とする国際的アク

ターや市民社会組織と協働し，東ティモール，スリランカ，キプロス，ボスニア，コソボ，コロンビアなど世界各地の紛争被災地で，地域・国家・国際問題に関する平和構築のフィールドワークを積み重ねてきた。さまざまな研究機関やドナーから資金提供を受け，現在は，AHRCプロジェクト「The Art of Peace」（レバノン，ボスニア，南アフリカ，コロンビアの市民社会や芸術パートナーとの共同研究）や，エチオピア，ナイジェリア，カメルーン，ソマリランド／ソマリア，ジンバブエの大学を含む「アフリカ研究大学連合―紛争後の社会における能力構築のための英国研究パートナーシッププログラム（African Research Universities Alliance - UK Research Partnership Programme for Capacity Building in Post-conflict Societies）」，さらには，コロンビア，ボスニア，コソボ，キプロス，チュニジア，スリランカの市民社会組織が参加した「グローバル・チャレンジ研究基金（GCRF）」のプロジェクトである「平和への阻害要因（Blockages to Peace）」など，数多くの大規模かつ世界的な研究プロジェクトを主導している。

研究の歩みと本書の位置づけ

これまでの同氏の学問的な業績は膨大であるが（マンチェスター大学の研究者紹介によれば，2023年7月段階で，書籍34冊，論文101本），本書の他に主なもの（近著）としては以下のものが挙げられる。

- *Failed Peacemaking: Counter-Peace and International Order*, (Co-Author with S.Pogodda and G. Visoka, Palgrave MacMillan, 2023)
- *Peace in Digital International Relations: Prospects and Limitations* (Co-Author with G. Visoka and I. Tellidis, Cambridge University Press, 2022)
- *The Grand Design: Peace in the 21st Century* (Oxford University Press, 2022)
- *Peace in International Relations* (Routledge, 2020, 2nd Ed.)
- *Peace Formation and Political Order in Conflict Affected Societies* (Oxford University Press, 2016)
- *Failed Statebuilding: Intervention and the Dynamics of Peace Formation* (Yale University Press, 2014)

彼の研究テーマは，一貫して，現代の国家や国際秩序のあり方との関連で，いかに地域の「平和」を実践的につくりあげることができるのかというものであり，またそこから既存の国際関係理論や紛争理論を批判し，新たな「平和」概念や方法論を提起するというものであった（• *Maintaining Order, Making Peace* (Macmillan, 2002年)，または • *The Transformation of Peace* (Palgrave, 2005) を参照）。特に，本書でも展開されている，「ハイブリッド型」あるいは「ポストリベラル型」の平和概念や国家建設の可能性を提起した研究である，• *A Post-Liberal Peace* (Routledge, 2011) は，筆者を含め，世界中の平和研究者にインパクトを与えた。なお，これと並んで，• *Hybrid Forms of Peace: From Everyday Agency to Post-Liberalism* (Co-Editor with Audra Mitchell, Palgrave Macmillan, 2012) は，この平和構築の新しい実践概念を16カ国のケーススタディーにおいて検証したものである。

　近著の *The Grand Design : Peace in the 21st Century* (2022) では，それまでの研究の集大成として，「国際的な平和構造 (International Peace Architecture: IPA)」の歴史を理論的に 6 段階に整理し，①19世紀の主権国家による地政学的な勢力均衡 (消極的な平和)，②20世紀の国連など多国間主義によるリベラルな平和，③不平等を克服するための福祉国家や社会主義による積極的な平和，④1960年代以降のより広範な人権や平等に基づくハイブリッドな日常的平和，⑤2000年代以降の米英が主導した新自由主義的平和，そして⑥21世紀のデジタルな国際関係下における多様な主体が創り出すグローバルな正義に基づく平和というように，各時代の紛争のタイプに応じた平和構築の「グランドデザイン」を示した。

　またここで，⑥番目の段階として設定されている，デジタル時代の国際関係については，共著の *Peace in Digital International Relations: Prospects and Limitations* (2023) でより詳しい検討が加えられた。国家形成や領土性をめぐる旧来の「アナログ的」な紛争力学に対して新たに登場した「デジタル」な国際関係の条件下において，境界を横断する多様な批判的行為主体がもつ平和構築の可能性 (およびその限界) が論じられている。また，*Failed Peacemaking: Counter-Peace and International Order* (2023) では，冷戦後の国際社会が主導

する平和創造の試みが，ことごとく停滞し，失敗に終わっているという現実が詳細に論じられ，またその背景の分析がなされている。この「反平和的（Counter-Peace）」な過程，すなわち，民主主義や諸権利，正義を実現するための平和構築の試みを意図的に（しかも近年より洗練された形で）妨害する，ナショナリズムや帝国主義，権威主義の存在を明らかにするこの研究もまた，個々の現場における，すぐれて実践的な問題意識から生まれた成果である。

　このように，リッチモンド氏の研究は，紛争が生起する個々の現場における平和構築の実践的課題と国際システム全体における歴史的な構造変容とを架橋し，新たな「平和」の方途を探求するという意味で，これまで（彼の研究の出発点であった，キプロスの紛争調停の複雑性をめぐる研究，•*Mediating in Cyprus: The Cypriot Communities and the United Nations,* Routledge, 1998. 以来）その基本的なテーマは一貫してきたと言える。そして，古代から現代に至るまで「平和」概念の歴史を概観する本書は，小著とはいえ，このような同氏の理論的全体像のエッセンスを端的に把握するための最良のテキストに他ならない。本書の邦訳タイトルを『平和理論入門』としたのも，日本の読者が，リッチモンド氏が構築した現代平和理論の先端（フロンティア）に触れる最初の入り口になると考えたからである。

「臨床的」平和理論

　リッチモンド氏の理論は，先に述べたように，驚異的なまでに広範なフィールドワークや紛争現場への濃密な関わり，実践の中から生成されている。筆者が魅了されたのも，まさにその豊かな現場経験に基づく「臨床的」な視点に他ならない。

　既存の国際関係理論には，もはや理論的なパラダイム転換を望めなくなって久しいが，その理由のひとつは，理論家が実証主義や客観主義を極度にまで追求しようとするあまり，しばしば自らがよって立つ「価値」や「パースペクティブ」（世界像）がもたらす一次元性の限界に無自覚のまま，いわば「上から目線」で世界を語ってきたことが挙げられるだろう。すでに国際関係理論の内部でも議論されているように，すべてのアクターにとって均一で客観的な真実など存

在しない。重要なのは，「価値」や「パースペクティブ」（世界像）からのデタッチメント（切り離し）ではなく，その多様な在り方に関する積極的な認識と，行為者自らの世界への関与によってしか開示されない〈現実〉（「リアリティ」というより「アクチュアリティ」）の可能性についての自覚である。

　リッチモンド氏は，明らかに，「平和」という価値を志向した研究者である。その意味では，同じように先験的に「平和」の価値を志向し，社会理論の先端を探求しようとする平和学（Peace Studies）の研究者としてもトップランナーの一人である。しかし同氏は，自らがコミットする「平和」という価値について，それが歴史的にも，地域的にも，どのように多元的な意味の広がりが存在するのかについての考察を深める。「平和をつくる」という明確な視点に立った場合，まずその「平和」が歴史的・政治的文脈の中でどのように異なった意味をもっているのか，そして何よりも，誰にとっての「平和」なのかが問われなければならない。本書は，まさにこの「平和」概念が本来内包している豊かな伝統や意味の広がりを発掘すべく生み出された。

> 戦争はしばしば，人間性にとって自然状態であり，平和は壊れやすく，つかの間のものとして考えられてきた。本書はこの見方に挑戦する。平和は，考古学的，民俗学的，歴史的な記録が示すように，そのさまざまな形態において，間違いなく人間性にとっての目的であり続けてきた。
> (第2版1頁)

　「人間性にとっての目的」でもある「平和」を希求する私たちは，これまで重視されてきた戦争や暴力の歴史のみならず，「平和」そのものの豊かな歴史を学ぶ必要がある。そしてそれと同時に私たちは，かけがえのない，日常的でローカルな個々の「平和」が，世界全体の政治構造とどのような関係にあるのかについても学ばなければならない。単に戦争（直接的暴力）がないという意味における「平和」（消極的平和）を実現するための努力の結果，人類は，戦いに勝利した者たちによる「勝者の平和（Victor's Peace）」を生み出した。しかし，その「平和」にも当然，限界があった。「平和」という理想を実現するための奮闘努力が新たな「平和」概念や制度を生み出すが，しかしそれが内包する限界を克服するためにまた，新たな実践が試みられる。その終わりのない「平和」

実現の人類史の中に，私たちは生きている。このように，本書が読者に訴えかけるのは，無味乾燥な事実の羅列ではなく，21世紀の「ピースメーカー（平和の作り手）」たちが，自らの歴史的な立ち位置を再確認するための豊饒な「平和」の物語に他ならない。

　したがって，このような平和構築〈現場〉のアクチュアリティと，いわばその「臨床知」に基づく「平和」構想は，単なる「上から目線」ではありえない。彼が描く平和構築の史的ドラマは，単に大国や国際機関のみならず，国際的NGOや市民社会，ローカルな住民やサバルタンをも含み込んだ，「平和」へ日常的に関与するさまざまなアクターが「下から」織り成す世界でもある。本書でも論じられているように，「勝者の平和」に続く，20世紀以降の「リベラルな平和（Liberal Peace）」の諸制度も，現在数々の限界に直面している。リッチモンド氏によれば，特に冷戦後，「平和構築や国家建設が，その本来の目的に到達すること，あるいは彼らの文化や伝統とは異なる当事者個々人の生きた経験や，日々の生活の中における彼らのニーズと合致することに失敗している」（本書94頁）。しかし，同氏のそのような批判的視点もまた，世界各地の紛争現場に根差す，彼の草の根のリアリズムから導かれていることは言うまでもない。

「文明」論的視座──「ハイブリッド」の意味
　なぜしばしば国際社会が先導する平和構築や国家建設は失敗するのか。それは，支援する主体が被支援地域の歴史的文脈や伝統への配慮に欠けているからではないのか。それぞれの被支援国には，長い歴史的時間で育まれた地域ごとの「平和」の文化や制度が存在する。したがって，民主主義や人権，市場や国家建設といったリベラルな価値を所与のものとして，それを当該地域のローカルな社会や日常がもつ文脈の頭越しにそのまま適用するだけでは，永続的な平和構造は生まれない。真の平和構築のためには，土着の伝統や叡智を活かすボトムアップのプロセスが必要なのではないか。また平和構築にも，ローカルな「正当性」や「権威」の観点からの再検討が必要なのではないか（•*Local Legitimacy and International Peacebuilding*, Co-Edited, Edinburgh University Press, 2022.を参照）。リッチモンド氏が一貫して提起するこのような問いは，「平和」を形成する「主

体」はいったいどこにあるのか，という根源的な問いでもある。

　この「主体」の問題をつきつめれば，近代の世界史を彩ったコロニアリズム（植民地主義）の問題に行きつくだろう。「平和」が外発的に定義され，またそれが失われた「失敗国家」を立て直すべく，国際社会によっていわば外科的（オペレーショナル）な「介入」が行われる。しかし，「手術は成功したが，患者は死亡した」というような事例が山積する以上，新たな平和構築には，いわば何らかの「ポスト・コロニアル」なアプローチが必要となる。リッチモンド氏が思い描く平和構築プロセスには，既存の政治秩序に非暴力的に対峙する，草の根の内発的な抵抗運動も含まれるが（彼はそれを「ピース・フォーメーション（peace formation）」と呼ぶ），同氏の「ポスト・リベラル」という言葉には，このような意味における西欧型「リベラル」の限界，あるいはその偏狭性や暴力性という含意も見て取れる。

　　リベラルな平和は，リベラルな平和構築と同時にローカルな平和の文脈の諸要素に基づいて描かれる，ハイブリッドあるいはポスト・リベラルな平和の形態に今や取って代わられつつある。そしてこのことが重要なのは，平和構築と国家建設が主に，先に発展した西洋や北の文脈の外側に適用されてきたからに他ならない。　（本書95頁）

　したがって，「平和」や「平和構築」の概念そのものを再び文明論的な視点から再検討し，豊富化する必要がある。本書の理論的な魅力もまた，その包括的かつ文明論的な視点にある。同氏が提起した「平和のハイブリッドな形態（Hybrid Forms of Peace）」というのも，現実の「平和」が，多様で内発的な地域ごとの伝統や文脈に加えて，それを支えるリベラルな諸制度や価値が有機的に融合することで実現する「平和」の理念型である。

　筆者はかねてより，理論的包括性や多元性がその存在理由であり続けてきた平和学が，いくつかの意味で，現在まさに，「文明論的転回」を要請されているのではないかと考えてきた（拙稿「平和研究の再定位——『文明』転換の学へ」『平和学事典』丸善出版　2023年，20-25頁を参照）。近代に構築されてきたさまざまな「平和」をめぐる政治的枠組みが根源的に，しかも加速度的な危機を迎えている中で，これまでのような大きな戦争をせずに（それはもう許容されない），グ

ローバルなレベルの刷新と，またリッチモンド氏の言葉を借りれば，「国際的な平和構造（IPA）」の強化を探究しなければならない。特に「気候危機」の時代においては，かつてジョン・ドライゼクが「惑星的正義（planetary justice）」と呼んだような，旧来の社会的公正をめぐる諸問題を地球システムそのものと連関させ，未来世代や人間以外の生命をも包含した新たな「正義」の概念が確立される必要がある。

　そしてこのきわめて困難な課題と学問的に対峙するためには，たとえば旧来の国際関係理論などの限定的な視点のみならず，人類学，倫理学，歴史学，精神分析学，文学，芸術など，可能な限りの領域横断的な英知を結集させる必要があるだろう。また，グローバルノースの視座の限界を超えたグローバルサウスの視点からも，さらに力を得なければならない。本書の試みがそうであるように，未来を見据えるために，人類史の長いスパンの中で営々と存在してきた「平和」の精神や伝統を，文字通り「文明」論的に発掘する作業も不可欠だろう。新しい平和学は，このように「文明」のあり方を根源から問い直すためのさらなる包括性が要請されているが，他の社会理論家と比較してもリッチモンド氏の視野はきわめて広く，言うまでもなくこういった問題意識も十分に包摂されている。

「アート」としての社会理論

　ところで，リッチモンド氏が依拠する方法論の分野は，広く平和学，中でも「平和構築・紛争解決研究（Peace and Conflict Studies: PCS）」の中に位置づけられる。本書でも前提とされているように，平和学は，戦争などの「直接的な暴力」が存在しないという意味における「消極的平和」のみならず，抑圧や社会的不正義，すなわちヨハン・ガルトゥングが提起した「構造的暴力」が存在しないという意味での「積極的平和」の実現を目指している。しかし，それをいったい「どのように」実現するのか，という実践レベルの問題については，旧来の平和理論に十分な解答があったとは言えない。「平和構築・紛争解決研究（PSC）」はより進んで，個々の具体的な紛争現場において蓄積された平和創造や平和構築の経験を比較検討し，より有効な方法論を模索する，いわば「アー

ト（わざ）」としての平和理論を含んだ実践的な学問分野である。

平和構築において旧来の「リベラル」な価値や手法（ガバナンス）と，ローカルな文脈との融合を目指すリッチモンド氏の「ハイブリッド」理論は，近年PSCにとっても，理論的のみならず，まさに実践的な争点でもある。確かに，単なる旧来の「リベラル」な平和構築（ガバナンス）には限界がある。たとえば，選挙制度や市場経済の導入が，逆に社会の混乱や対立の先鋭化を招いている場合や，外部による和平プロセスの徹底した管理が，現地の内発的な力を阻害し，依存体質を助長してしまう場合もある。しかしここで問題になるのは，いったい何を「リベラル」の効用として活かし，逆に何を悪弊として忌避するのか，その具体的な内容の指標が明確ではないことである。

現実の紛争現場においては，近代的な自由主義的国家制度が存在，機能しつつも，他方でその運用においては伝統的で非自由主義的な制度やアクターが非公式に影響力を持っている場合や，また逆に，伝統的で非自由主義的な制度やアクターがすでに国家制度や組織の一部として公式に位置づけられている場合もある。個々のきわめて複雑な政治状況を正確に把握し，いかなる「ハイブリッド性」が望ましいのか，ケースごとに判断しなければならない。必ずしも伝統的な慣習や紛争解決手段は，すべてを理想化することはできず，そこに限界があったからこそ，外部の介入を必要とする紛争が生起したとも言える。いったい誰がどのように，救い出されるべきローカルな価値や対象を決定し，それを実行することができるのか。実際にはきわめて困難な課題である。

しかし，リッチモンド氏も指摘するように，望ましい「ハイブリッド性」の基準は，あくまでも当該社会において従属的な地位に置かれている人々のエンパワーメントや解放にある。したがって，すでに権力をもっている現地エリートとの連携が必ずしも善い「ハイブリッド」を保障するわけではない。それ自体が「リベラル」な発想であると言えるかもしれないが，サバルタンや社会の〈周辺〉に発する平和構想という意味では，その主張は一貫している。また，本書でも触れられているように，伝統的な社会の中にすでに「人権」や「公正」，「平和」といった「リベラル」な価値の諸要素を見いだすことも十分に可能だろう。21世紀の「平和」の成否は，まさにこのローカルな文化の深部に眠

る，普遍的な価値を再発見する作業にかかっているとも言える。

　いずれにせよ，当該社会がもっている内発的な持続可能性や強靭性を支援し，それを活かしつつ，いかに「リベラル」な普遍的価値を実現していくのか，という困難な課題に取り組む上で，実際の平和創造，平和構築プロセスでは，その個々の状況に関わる行為主体の日常的な「アート（わざ）」の次元に負う所も大きいと言えるのかもしれない。そしてまた，もしそうであるとすれば，今後の平和構築にとっては，ポスト・コロニアルな歴史的文脈を十分に理解しつつ，日常的にローカルな社会の内外に存在するさまざまな文脈を「メディエーション（仲介・調停）」することのできる，新たな「ピースメーカー」（平和を創造するための対抗専門家）の養成，そして，その市民社会への広範な普及が大きな課題となるだろう。

現代戦争のただ中で

　本書は，ウクライナ戦争のただ中で刊行される。この戦争では，国連の集団的安全保障体制は機能不全となり，ダムや穀物輸送路など民衆生活のインフラがことごとく軍事的な標的になっただけでなく，何よりも原子力発電所が攻撃された。ドローンをはじめとする無人兵器やミサイルが飛び交い，ワグネルなど民間軍事会社の存在も露呈した。そして何よりも，国家元首によって核兵器による威嚇が公然となされた。

　ウクライナ戦争は，メアリー・カルドアが指摘するように，グローバルな戦争経済（ビジネス）と一体化した「新しい戦争（New Wars）」の視点から見ることが重要であるだろう。戦争には終わりがなく，次の戦争は日常からすでに始まっている。ウクライナ戦争では，「ハイブリッドな平和」ではなく，「ハイブリッド戦争」の概念が注目されたが，新自由主義と，それがもたらした新たな社会的ダーウィニズム，真実を伝えるべきメディアの劣化，そして学問や市民社会における批判的知性や共同性の衰退もまた，現代戦争の背景にある。世界中で，自由民主主義体制は退潮し，専制や国家主義が台頭している。キプロス，ボスニア・ヘルツェゴビナ，コソボ，カンボジア，スリランカなど，世界で試みられた数十年にわたる和平プロセスも，いずれもその後ろ盾を失い，あ

るいは援助の弱体化によって消滅しつつある。リッチモンド氏も指摘する，このような「反平和的（Counter-Peace）」な過程が，明らかにここ約100年間で構築された国際的な平和秩序の基本構造を，根底から揺さぶっている。

　本書の「日本語版への序文」でもあるように，平和は，「平和を支える多くの目に見えない社会的プロセス」（ⅱ頁）によって日常的につくり出され，維持されてきた。しかしそれは，あるいは暴力やテクノロジーの暴走によって，一夜のうちにして破壊されうる。地球のいたるところで，日々紛争や暴力が噴出し，「平和」が壊されているが，その災禍の多くは見捨てられてしまう。また他方で，偶然（あるいは意図的に）世界の注目を集め，たとえ国際的な介入やオペレーションを受けた紛争地域でも，民衆にとっての「平和」はなかなか訪れないことも多い。紛争は，しばしばそれが拡大し，周辺地域にも影響を与えるようになって初めて対策が講じられるが，内戦などの大規模衝突（大発作）が起こってから介入（手術）を行っても，多くはすでに手遅れである。

　現代の「平和」にとってさらに重要なのは，いわばすべての市民による「日常的な平和構築」である。紛争や暴力が生起する「川下」ではなく，紛争現場とは直接無関係に見えるものの，実際はその遠因を生成している「川上」における予防的措置が重要である。戦時と平時，戦争と平和の境界がきわめて不鮮明になっている現代戦争の世界で，「ハイブリッド戦争」ではなく，真の「ハイブリッドな平和」を実現するためには，「平和」についての包括的な知識の蓄積と，それに基づくあらゆる領域における実践が必要である。暴力の病巣を取り除くための専門家によるオペレーションももちろん不可欠であるが，その病巣を生み出さない社会構造を構築するための市民的・日常的な実践，言い換えれば，社会全体の根本的な「体質改善」こそが，今求められている。

　私たちが「平和」についての知識を深め，関心をもち，日常生活の実践の中で世界の平和構築へと積極的に参加する以外に，現代の「文明」論的危機を克服することは不可能である。本書は，「政治的エリートではなく，市民社会，学者，科学者に期待されるような実質的な技術革新」（ⅳ頁）のために書かれた。人類史の長期にわたる「平和」の進化論を展開し，「平和」のための開かれた〈知〉へと誘う本書は，現代平和理論のフロンティアであると同時に，私た

ちに新たな歴史的アイデンティティと未来への指針をもたらす。日常から「平和」を創りだそうとする，できるだけ数多くの市民に手に取ってもらいたい。

プロローグ　平和は多くの次元をもっている

平和：(12世紀に英語で取り入れられた段階においては) 戦争や混乱や紛争からの自由。静寂や平穏や調和 (13世紀)。平和をつくる者 (15世紀)。

オックスフォードコンサイス語源辞書

概　要

　平和についての物語は，人類史の物語それ自体と同じくらい古く，そしてもちろん戦争と同じくらいに古い。この本で描かれるように，平和の物語はしばしば非常に困難な状況に置かれることもあるが，進歩の物語でもある。オックスフォード英語辞典の定義によれば，歴史的にこれまで平和は，しばしば国家間あるいは国内における公然たる暴力や戦争の不在であると考えられてきた。戦争は人類の自然状態として考えられ，平和は脆く儚いものだとされる。しかし本書は，こういった見方に挑戦する。考古学や民族学や歴史的記録が示すように，様々な形態の平和が，まさに人類の共通経験であり続けてきた。安全の枠組みや法，資源の再分配や正義は，継続的に進歩を遂げてきた。その証拠に，歴史の大部分は，比較的平和であり秩序ある状態を保ってきた。平和は人類の経験の中心に位置してきたのであり，また，歴史の中で磨き抜かれた平和の成果も，今日広く享受されている。

　平和は，国家の内側では国内的に，国際的にはグローバルな組織や制度を通じ，また超国家的には，これらすべての領域をカバーするアクター達によって組織化される。また平和は，公的でも私的でもある。これまで平和は，しばしば権力や利益の論理の後景に隠され，ごく目立たない現象でもあった。分析家たちの多くは，(国内の政治家や軍人，国際公務員といった) 公的権力が応答しようとしているのは，社会的・経済的・政治的・文化的調和ではなく，むしろ，秩序形成なのだという想定を好む。さらに，戦争と暴力の政治経済下にあって，

政策立案者やメディアもまた，暴力を生み出すことは平和よりも一層重要で利益を生み出すことであるという情報を世界中に配信する。こういった見方が，問題解決とリスク管理を果たそうとする政治家や官僚，国際的な政策立案者たちの認識を支配する傾向にある。しかし，物質的・時間的制約のために，暴力を鎮静化させるという方法は現実には限界がある。最近でも，国際的なドナーや国連，世界銀行や軍隊，国際NGOによる共同支援をもってしても，包括的な成果を目指す過程を経由して自立的で持続可能な平和を実現するというより長期的な願いは，ほとんど達成されていない。

　平和の実践と理論は，歴史を通じて大きな進歩を遂げた。しかし，平和の物語が至るところにあるにもかかわらず，それがめったに語られないという事実は，暴力を政治的・経済的道具と考えるパワー・エリートたちにとって，それが有益だからである。平和の概念が語られてこなかったという事実は，平和の概念が曖昧だということが理由ではない。かつてソ連が，東ドイツやチェコ・スロヴァキアのような衛星国家の人々による異議申し立ての勢力を抑圧したように，権威主義的な政府や強権国家は，歴史を通じて他の国の市民，そして自国の市民にまで平和の解釈を押しつける傾向があった。1995年のボスニア・ヘルツェゴヴィナや，1999年のユーゴスラヴィアにおける北大西洋条約機構（NATO）の空爆に見られたように，軍事力が平和を創造するために動員されるような場合には，平和と戦争は密接に関連づけられる。前者の事例は，セルビア人によるサラエヴォにおける包囲攻撃によって終わりを告げた。この紛争は3年間続き，1995年にデイトン和平合意を導いた。後者の空爆は，コソヴォ紛争，すなわち，コソヴォに住むアルバニア人のセルビア人支配に対する抵抗をセルビア政府が抑圧しようとした紛争を，1999年に終わらせた。しかし他方で，戦争と平和を関連づけることの危険性については，小説『1984年』の中でジョージ・オーウェルが，またフランスの社会理論家ミシェル・フーコーが，「平和とは戦争であり，戦争とは平和である」というよく知られたアフォリズムによって指摘した通りである。

　広範な領域に渡る事例が示すように，平和の出現は，戦争や圧政への恐怖に対抗する様々な政治的・社会的・経済的・文化的な闘争と密接に関連してい

る。平和への積極的行動（peace activism）は，これまで通常，個人や集団の権利やニーズ，または集団や性別や人種や信仰間の物質的・法的な平等，軍縮，そして国際的諸制度の建設を求めるキャンペーンに基づいてきた。そしてこれを可能にするためには，広範に受け入れられたアジェンダと融合した，ローカル，あるいは国際的な結社やネットワーク，制度の構築が必要であった。積極的平和行動は，18世紀の奴隷制に反対し，それ以後は基本的な人間の尊厳や人権に与する，国際的に組織された市民社会によるキャンペーン活動を支えた。様々な平和運動が，独立や自己決定のために，あるいは，投票権や軍縮（おそらくその最も有名なのは，欧州核廃絶運動である）のために奮闘してきた。一般の人々は，（1920年代から1947年の独立までのインドにおける非暴力抵抗運動のように）抵抗の際に平和的手段を選択することによって，平和という言葉を社会的な概念として動員することが可能であり，またしばしばそうしてきたのである。

　人類の「本性」は平和なのか，あるいは戦争なのかをめぐる論争がある。政治的左派の主張では，正義や平和の実現に対する抑圧に抵抗するための継続的な戦いはあるものの，ただ広義の平和だけが受け入れ可能なものである。反対に，暴力は人間社会に特有かつ本来備わったものであり，狭い意味での平和こそが国家のための実践的選択であると，右派は主張する。しかし，平和を広義に理解すること（broad form of peace）への人々の強い願望が存在しているという豊かな証拠が存在する。また，エリートたちや国家，諸組織，政治家たちや政策決定者たちや官僚たちよりも，社会はえてして，平和問題により敏感であるといえるだろう。前者は，安全保障や便益の要求によって導かれたより狭い利益に焦点を当てる傾向にあるが，一方社会は，繁栄のための日常的な平和，直接的な権力行使がより少ないことを求め，度重なる戦争や紛争の影響を最も鋭敏に被るのである。

　この小著が描くのは，実践的で理論的な意味における平和の進化に関する，論争的だがごく前向き（ポジティブ）な物語である（もちろん，主として地球の北側からの見方になるのだが）。指摘しておかなければならないのは，歴史上の主要な諸文明，諸宗教，諸々のアイデンティティを含む，非西洋的な平和の伝統もまた，重要な貢献を果たしてきたということである。西洋は少なくとも，啓蒙運動後，政治

的・経済的な平和を定義することにおいて，良くも悪くも最も大きく影響力の
ある声であり続けてきた。西洋は，第二次大戦後，そして冷戦後の国際構造が
依拠してきたリベラルな平和 (liberal peace) として現在も知られている平和の
展開を導いた。2000年初頭以来，ネオリベラルな平和 (neoliberal peace) が次第
に優勢になってきた。しかしながら，次第に，より批判的または非西洋的な声
が平和についての議論に発言権をもつようになってきている。ますますポスト
コロニアル，かつポストリベラルになってゆく世界において，平和に関してこ
れら既存のモデルを洗練し，より良いモデル，おそらくそれはハイブリッドな
もう一つの平和モデルを導くための探求は終わることがない。

第1章　平和を定義する

　すべての良きもののまさに起源であり擁護者である平和以外に，人と神の両者によって称賛されるものがあるだろうか？　そこには，私に帰属させることのできない繁栄，安全，あるいは幸福の何が存在するのであろうか？　これに対し，戦争はこれらすべてのものの破壊者であり，悪の種子ではないのか？

デシジラウス・エラスムス『平和の訴え』

　平和やその諸相を定義することは一つの困難な作業である。単一の定義というものはありえない。一つの出発点は，狭義の平和，すなわち暴力の根源的理由を解決するというよりも，単に暴力を終わらせるという意味における平和を考えることである。この枠組みに従うなら，現状で停戦ラインを挟んで軍事的な対峙をしている，北キプロス・トルコ共和国とギリシャ系キプロス共和国や南北朝鮮は，この意味における（狭義の）平和に当てはまるだろう。これとは対照的に，広義の平和は，単一の普遍的モデルに基づいて，和平協定や平和国家，平和的社会をつくりだすだろう。第二次世界大戦の廃墟から出現し，まさに同質な国々からなるヨーロッパ連合はその一例である。最終的に，多元主義的な平和（multiple version of peace）は，きわめて異なる社会的・政治的システムが，相互に異なることは承認しつつも，同時にそれらが共生している状態を意味している。1978年のエジプトとイスラエル間の協定は，このアプローチの良い一例である。そこでは，多くの現存する深刻な不一致や困難をかかえながらも，全く異なる国やその国の人々が一定程度の和解を実現した。もう一つの例として，1999年にインドネシアの占領が終わって以後に東ティモールで出現している平和の形態が挙げられる。この事例は，近代国家によって提示されたモデル，すなわち，紛争が制度や法，増大する繁栄によって抑制されるという枠組みを，民主主義，法，人権，発展が提供するというモデルを一応は踏まえている。しかしまた，この事例は，ガバナンスや紛争解決のプロセスにおける慣習的形態，すなわち歴史的に年長者たちによって利用されてきた長期的な慣習法

や「タラ・バンドゥ (Tara Bandu)」として有名な伝統的和解の儀式などの，コミュニティレベルに存在する非常に個性的な慣習や権威のシステムとも結びついている。2013年に，東ティモールの大統領は，近代国家のものより民衆の文化に近いものとしてこのアプローチの重要性を認め，ティモール議会は現在，これらの文化的和解の実践を公式の法的システムに導入する可能性を議論している。

　これらのそれぞれ異なるタイプの平和は，社会にとっては，異なるレベルの安全や権利を提示している。すなわち，狭義の平和は，基本的に単純であるが，比較的不安定であり，広義の平和はより複雑であるが，より持続可能性がある。多元的平和はさらに一層複雑であるが，さらに安定している。これらのどのタイプの平和に重きを置くのかが問題となる。すなわち，平和は敵を支配下におき，同化させることによってつくられるのか？　敵を支配集団に似たようなものに変えることによってつくられるのか？　あるいは，違いを受け入れ，調和することによってつくられるのか？

　現代の平和研究の創始者の一人であるヨハン・ガルトゥングによれば，消極的平和は，（第一次世界大戦後の失敗した平和条約が最も典型的な例だが）狭義の平和を目的としており，積極的平和は（第二次世界大戦後のヨーロッパの平和がおそらく事例となる）より広義の平和を目的としている。さらに，（1990年代後半に，コソヴォや東ティモールのような場所における紛争後に出現したように）より最近生まれた概念である「ハイブリットな平和 (hybrid peace)」は，多種多様なアプローチの混合物である。狭義の平和の理解は，国家間または国内の（戦争や低強度紛争のような）公然とした暴力の不在を意味している。消極的平和は，停戦や権限分割協定のような形をとるか，あるいは権威主義的な政治システムの内部に存在する。これはまた，国家や社会内の一集団が，暴力，あるいはより巧妙な手段をもって，他の国家や他の集団を支配することを意味している。このアプローチは単純であるという利点をもつが，消極的平和は常にもろいものである。というのも，それは国際システムや国家内における常に変動する権力形態に基づいているからである。そこではいわゆる「構造的暴力」，すなわち社会的・経済的・政治的システムに埋め込まれて隠されている暴力は十分に対処

されないままである。構造的暴力の概念によって，2000年代の様々な停戦の後に，なぜコロンビアにおけるいくつかの局面で平和プロセスが破たんしたのかということを説明できるだろう。というのも，平和プロセスが，この紛争の中心的な争点，つまり特に土地配分，貧困，社会的・経済的不平等をめぐる紛争にそれまで十分に対処してこなかったからである。狭義の平和の理解に基づいた和平協定は，少なくとも長期的には満足できるものにはならないだろう。軍や権威主義的政府はたしかに，——冷戦期の東ドイツにおけるように——基本的な安全保障秩序を維持するかもしれない。しかし，人権や民主主義的代表制や繁栄に関連した多くの欠陥が取り残されるのである。

これらの残された問題は，構造的暴力——つまり，政府，法，官僚制，貿易，資源配分，社会的階級の抑圧構造によってつくられ，あるいは貧困や環境問題が原因となって起こる間接的な暴力——が生成する原因となる。構造的暴力は，時には比較的平和な社会でさえ発生することもある。

平和の消極的理解は，紛争の「生得的な」見方を採る。すなわち，暴力は人間の本性に備わっているものであり，私たちの遺伝子の一部であり，社会，歴史，国際レベルでは国家間においても，固有のものとされる。このような議論は，しばしば，根拠の妥当性が論争になることが多いが，動物，特に霊長類がどのようにふるまうかという観察から引き出される。消極的平和はまた，グローバルな資本主義が「創造的破壊」によって社会を混乱させるという問題についても言及する。しかし，最悪の行きすぎた状態を制限しようとする以外に，ほとんどできることはない。国際的な戦争や内戦のような，最も明らかで，最も暴力的な瞬間にのみに注目して歴史を見れば，このような立場に賛同することはたやすい。

紛争は人間の本質に根ざしているがゆえに，それが固有なものだとすれば，戦略的利益を促進するために，武力を行使すること以外にほとんどできることはない。これは戦争と平和の政治学における保守的で，いささか古臭い見方を表している。こういった意味における安全保障とは，19世紀のヨーロッパや1815年後の「大国間国際協調システム（Concert System）」のような，国家の既存のヒエラルキー，領土的主権，国家間の勢力均衡の保護を意味している。これ

は，古代から少なくとも啓蒙期までか，おそらく20世紀初頭のファシズム台頭の時代に至るまで，戦争や紛争への一般的な態度であり，（名誉ある例外はあるとしても）消極的平和のあり方であった。平和は主として（王，女王，皇帝，そして様々な独裁者に都合よく，また彼らの視点から），歴史上生じた度重なる戦争の間の，支配者同士の苦痛に満ちた手詰まり，あるいは絶対的な勝利として存在した。この歴史の中では，人間は権力者や彼らの利益の駒にすぎなかった。しかしこういった見方は，啓蒙期以降，積極的平和のアプローチによって徐々に取って代わられてきた。

より広い平和の理解は，国家間あるいは国家内の公然たる暴力の欠如のみならず，広範に合意された政治システムの内部で，社会が恐怖や貧困から解放されて生存する条件を創りだすという目的をも示唆している。これはまた，安定した政治的諸制度，法，経済，諸国家，諸地域を意味すると同時に，社会の中の諸個人の相対的な自己実現をも意味している。これはまた，アリストテレス（紀元前384-322）からドイツの自由主義哲学者エマニュエル・カント（1724-1804）に至るまでの著名な哲学者たちがしばしば言及してきた，「善き生」，あるいは「恒久平和」といった格言をも表象している。特に1648年にウェストファリア条約がヨーロッパの大部分に平和をもたらして以来，啓蒙期後の政治史の多くにおいて，積極的な意味としての平和の科学的な概念化を発展させようとする試みが見られた。

したがって，紛争が人間の本性であるというのはおそらく神話であるだろう。消極的平和の物語は，猿の暴力に関する欠陥のある観察，そして人間の本性が動物と同じパターンをたどるとするダーウィン的な仮定から喧伝されている。そのような社会的ダーウィニズムの議論は，資源や権力をコントロールする人々の利益——保守的でエリート主義的な集団化——にとって都合よく機能する。対照的に，たとえ動物界にあっても，猿たちは社会秩序と平和創造の衝動を示す。それゆえ，歴史的に平和創造は，事実上人間にとって最も通常の行動であったと主張することは可能である。あらゆる社会が，様々なレベルの紛争を経験してきたが，社会のすべては，——社会的諸制度から公式の法的プロセス，公的な政府の諸制度に至るまで——平和創造の洗練された方法を発展さ

せてきた。紛争が人間の本性であるというこれまでの見方に反して，紛争や戦争は学習された行動なのである。人間の活動は，制度，妥協，同意，資源の再配分，そして教育を通じて，紛争を回避し，鎮静化させることができる。こういった見方は，長期的な安定，持続可能性，そして社会的正義として定義づけられる積極的平和を，20世紀を通じて建設するための実践を形づくってきた。このような平和の理解から，エジプトとイスラエルの間の1974年の中東戦争後にカーターアメリカ大統領によって使用された調停 (mediation)，キプロスやコンゴなど他の多くの国々における平和維持活動 (peacekeeping)，今では広範に市民社会レベルでも使用されている紛争解決 (conflict resolution) や紛争転換 (conflict transformations)，そして，カンボジアから1990年代のボスニア・ヘルツェゴヴィナに至るまで使用された平和構築 (peace building) が発展したのである。またこのような戦略は，しばしばアメリカ合衆国，あるいはNATOによる安全保障政策に基づいたものでもあった。

　歴史に関する公的で公式な物語は，（王，女王，皇帝，政治家，軍人，宗教指導者，富者，そしてしばしば男たちといった）エリートによって支配されがちである。しかし，人類史や人間社会へのより豊かな理解を提供する，日々の歴史を語る私的な記述も存在する。この私的な記述においては，日常生活に位置づけられた——おそらくアリストテレスが「善き生」と呼んだものに近い——積極的な平和が見えてくる。この社会的で「自然」な平和創造の傾向は，暴力によって引き起こされる破壊に比べて見えにくいだろう。しかしそれにもかかわらず，それは日常生活のできごとに根をおろし，——議会制度から国連システムに至るまでの——政治的・国際的諸制度の発展に寄与するのである。

　このような視点から，現代における平和についての思考は，消極的平和をはるかに越えて，どのような解放的，日常的，共感的形態が，世界中の（例えば，アフガニスタンからリベリアに至るまでの）特定の社会的文脈のみならず，現代の国際システムの構造を支えているのか，ということを探求する方へと移行するようになっている。これは，社会学の創始者の一人であるマックス・ウェーバー (1864-1920) が議論したような，領土や主権を守るという責務が国家に存するとする安全保障の伝統的概念からの移行を生み出す。この見方は，また近

年，国家というよりも人間に対して主要な焦点を当てる安全保障の新しい考え方によって取って代わられようともしている。

積極的平和

　（1994年に国連開発計画で「恐怖からの自由，欠乏からの自由」として定義された）「人間の安全保障（human security）」などの概念と並んで，積極的平和は，国家安全保障よりも高い優先度が置かれるようになった。そして，暴力は社会において生得的なものというよりむしろ学習されたものだという議論によって，紛争が双方の合意に基づいて解決しうる可能性が示されている。ここから，広義で包括的な平和の形態が現れるだろう。直接的で構造的な暴力は取りのぞかれうる。この積極的平和は，自らの利益に則る政治的・経済的なエリートにとってだけでなく，一般の人々にも日常的な用語として受け入れられる。そのような状況は，権力や領土，そして物的資源の基本的安全保障の問題を超えて，安全，法，秩序，繁栄が比較的あるいは相対的に当然であるような発展した自由民主主義体制において，多くの人々が経験する日常的な生活に相応しい平和を提供する。こういった状況下では，――人権，民主主義的代表制，相対的・物質的な平等，あるいは繁栄といった――社会正義と，国家やエリートの責任とが国家間の平和と同様に果たされるだろう。

　戦火にまみれたほとんどの国がそうであったように，第二次世界大戦以降，こうした高度に質の高い平和は，長期的な視点を欠いた場合には，ほとんど達成されることはなかった。積極的平和の考え方は，紛争が人間の性質において生まれつきのものであり，従って国家や制度においてもそうであるという主張を否定し，その代わりに，紛争が人間や国家，制度によって完全に解決できると主張する。人間は，紛争がなぜ起こるのかということを理解し，それに対し多様な方法で創造的に応答する余地をつくりだす能力をもっている。このような平和志向的な人間たちは，権力者の僕ではなく，超国家的あるいは国際的な平和キャンペーンや制度，構造に関与するのみならず，ローカルな現場に日々政治的に参加している。こうしたアプローチの重要性は，紛争の性質や原因は

多くの様々なダイナミズムから発生するという，その仮説にある。このダイナミズムは，アイデンティティ，階級，エスニックな差異，不公正で弱い非民主的な政治制度，あるいは土地や石油，鉱物，労働力などの資源をめぐる争い，といった社会的・経済的・政治的・軍事的な，そして資源をめぐるダイナミズムを含んでいる。

　もし紛争が解決されなければならないとして，このように多様な複雑に絡み合った紛争の原因には，多元的で洗練された対応が必要である。このような考え方から，国際関係論，政治学，平和研究，紛争研究のみならず，法学，社会学，人類学，開発学や経済学といった学問領域もまた，現代における平和の必要条件をより包括的に理解するために，すべてが重要なものとなるのである。

　積極的平和の概念は政策的意味においても，重要であった。なぜならそれは，人々が自らの権利やニーズを実現するという要求，そして歴史的にしばしば暴力のきっかけとなってきたアイデンティティ，宗教，物質的・イデオロギー的・領土的差異を乗り越えるために本当に必要な公共のサービスに対する増大する要求を反映するからである。積極的平和概念は，国家，そして国連や世界銀行のような様々な国際的・地域的組織，そしてまた特にEU，OECD，G20などの国際的なドナーや政府が，紛争をどのように理解し，これに対処するのかということに影響を与えている。積極的平和の概念は，それによって有権者や市民を満足させることができる，実質的な「政策の方向軸」を提供するのである。

　積極的平和に代わるさらなるオルタナティブは，世界中の文化，国家，社会の至るところで，まさに多次元的な平和の概念が存在しているという事実にほかならない。ほとんどの社会は，現代的だろうと伝統的だろうと，それぞれの平和の意味をもっている。それぞれの社会がもつ平和の意味は，しばしば，歴史的な伝統やアイデンティティに対する敬意はもちろんのこと，社会的な調和，経済的繁栄，政治制度や法に対する異なった，少なくとも多少は独自の思考を生み出している。異なる平和の形態を実践する多様な存在同士の共存を可能にするためには，異なる平和間の調停が必要であり，社会的・国家的・国際的なレベルでの協力が必要になるだろう。おそらくそれこそが，平和理論や平

和実践が，より進歩した形態を模索すべく飛躍するための次なるステップである。

　しかし平和は常に，革新的，あるいはラディカルな（そしてしばしばその性質上英雄的な）思想や行動を惹きつけ，進歩的な制度や実践をもたらすものとして定義されてきた。歴史を通じて，平和に関する洗練された知的な議論が存在してきたにもかかわらず，平和はまた，正義というよりむしろ力によって定義されてきた。

　西洋や時にしばしば「西洋中心的」な思想における平和の歴史は，古代ギリシャの哲学者であるプラトンの思想から，第二次世界大戦後のNATOの出現，ヨーロッパ統合の近年の歴史，そしてそのかつての敵国同士の地域的な協力関係への発展の試みにまで及ぶ。長年にわたって，国連は（しばしば総会あるいは委員会を通じて）広くグローバルなコンセンサスに基づいた文書や報告，決議を蓄積し，発表してきた。これらは権力と平和という真逆の関係を扱うための，戦略的デザインを提示してきた。これはすなわち，「平和の文化」，平和に生きる権利，「新経済秩序」の必要性，経済的・社会的・文化的諸権利などのためのプログラムに始まり，独立，民族自決，発展，平和構築に至るまでを含んでいる。またこれらはすべて，アイデンティティ，ジェンダー，自己決定，参加，協力，社会正義，発展の領域における平等を要請している。さらにこれらは，文化，社会，労働の権利や，自らのアイデンティティを選択する権利を承認する。またさらにこれらは，消極的な平和，利益，権力というよりむしろ積極的な関心において構成される国際的な国家システムを求めてきた。地球上の代表者の多くはこれらの価値が謳われた書類に署名した。しかし，こういったグローバルで政治的・科学的なコンセンサスというのは，しばしば簡単に忘れ去られてきた。それゆえ，平和の進化は遅々としてきたが，今後は，単一かつ積極的で普遍的な平和が出現するのではなく，多元的な「平和」が相互に関連し合ったシステムを導くように思われる。これを最も簡単に言うなら，この（多元的な）システムは，西洋の自由民主主義国家から，中国の権威主義的資本主義国家，湾岸諸国，またはアイデンティティや宗教の広く異なった形態の人々を包括する，ブラジル，南アフリカ，スリランカやカンボジア，コロンビアを

含む多くの発展途上民主主義諸国までに至る，きわめて多様な国々が共存する現在の世界に見ることができるだろう。

　現代では，しばしば特に学者や政策立案者によって，平和という言葉の代わりに「平和構築」や「紛争解決」，「国家建設」というより積極的な用語が使われている。現代の平和の概念は，単に暴力の不在ということ以上に広がっている。国連システムの政策立案者たちも概して，紛争の根源的原因に取り組むべきであるということに賛同するようになった。平和もまた，グローバルな資本主義がしばしば生み出す不平等と同様の，巧妙な支配の形態（特に，和平協定後の紛争終結後に，その国の初ビジネスとして，しばしば大手の多国籍企業（MNCs）がその国の天然資源を搾取するべく訪れる）に対する積極的な抵抗と結びつけられるようになった。

　私たちの人生のあらゆる時間においてあまり認識されてはいないが，過去の戦争が原因となる混乱や分裂はたしかに存在する。しかし，人間たちが平和を経験した時間の長さという意味においては，平和の物語は（戦争の物語よりも）より広範に普及している。平時というのは，単に暴力がないというだけでなく，日常生活のごくありふれたことも含まれている。軍事紛争をかぎわけるように訓練された目からすると，このような平和の側面は取るに足らないことに見えるかもしれない。4-5世紀の古代ローマの神学者，聖アウグスティヌスが「秩序の平穏（tranquility of order）」と呼んだ平和のより広い側面は，しばしば当たり前のことだと思われる。しかし平和は，たとえそれが平凡で，日常的で普通のことのように見え，感じられたとしても，人間の経験において最も長期的な部分を占めているのである。

平和への理論的アプローチ

　歴史的に存在した数々の重要な平和思想は，あるものは国家の構成に焦点を当て，またあるものは国際組織の役割，またあるものは平和の基本哲学，またあるものは社会から生まれる社会的な平和運動に焦点を当てるような，平和への理論的なアプローチへと収斂される。また平和は，歴史を通じて様々な宗教

が暴力に対処し，寛容を促進してきた方法に派生する宗教的な意味をも伴う。これは，キリスト教，仏教，ヒンドゥー教の各教義で伝えられる，正戦，自衛，非暴力，あるいは平和主義のような概念にまで広がりをもっている。

　平和に関する歴史的な議論の中で，ごく目立った一般理論やダイナミズム，テーマの一部は，理論的な形で再現される。政治理論の中で最もよく知られるアプローチは，政治的リアリズムと呼ばれている。この政治的リアリズムに貢献したのは，孫武（「孫子」と同じ人物。孫子は，尊称。古代中国の軍事戦略家であり，紀元前6世紀に出版された『孫子兵法』の著者である）や，ツキディデス（紀元前5世紀以降の古代ギリシャの歴史家であり，スパルタとアテネ間で起きたペロポネソス戦争の経験から，戦争において，道義よりも権力が重要であると説いた）や，アウグスティヌス（古代ローマの哲学者であり，5世紀以降のローマ帝国時代の神学者）である。リアリズムは，主に国家の軍事力（そして後には経済力）に焦点を当てている。マキャヴェリ（フィレンツェに拠点を置いていたイタリアの歴史家・政治家・外交官・哲学者）は，平和が軍事的対応を要する無秩序を導くことを懸念した（1532年頃出版された彼の有名な著書である『君主論』から）。

　　賢明な君主は，必ずやそのようなリアリズムの規則を見極めるだろうし，君主が逆境の中で利用可能とするために，平時において決してぬかりなく，彼の産業資源を増大させておく。そのことによって，もし運命の女神が心変わりしたとしても，彼はその女神のひと吹きに抵抗するための準備ができている，ということが明らかになるだろう（第14章）。

　しかし，それにもかかわらず，古代が戦争の不可避性によって定義されるという一般的な見解は，おそらく誤りである。しばしば，権力や利益の論理と結びつけられ論じられてきたマキャヴェリでさえ，たとえば選挙は必要であり，平和は公正で内発的であるべきだと考えていた。

　その後，啓蒙主義哲学において，トマス・ホッブズの『リヴァイアサン』（1651年）は，政治的代表制，個人の諸権利，市民社会の概念を含んだ社会契約論を提唱した。イングランド内戦の経験を描きながら，ホッブズは人民と絶対君主（聖書の怪獣にちなんでリヴァイアサンと呼ばれる）との間の社会契約について論じ

た。彼は，「万人の万人に対する闘争」が，強力な中央政府という形態としてのリヴァイアサンを必要としたと考えた。

　リアリストの考えでは，平和はただ単にあからさまな暴力の不在として定義される比較的狭義のものとして理解されていた。もちろんその場合，構造的暴力の存在は看過されてしまう。(1923年生まれで，学者であり，リチャード・ニクソン大統領とジェラルド・フォード大統領の国務長官であった) ヘンリー・キッシンジャーのような，この伝統に連なる主要な現代の研究者や政策決定者もまた，第二次世界大戦や冷戦期における経験の中で，しばしば単なる国家間の権力のバランスとして平和を考えている。

　もう一つの重要なアプローチは，(紀元前6世紀中国の思想家である) 孔子の理論に連なる，戦争は平和を生み出さないとする，古代の軍国主義に対する批判に基づくアプローチである。政府は，戦争をしかけることではなく，人間の福利に関心を向けるべきである。この世界のどんな文明における平和に関する物語においても，平和の正当性と魅力は中心的な位置づけを与えられてきた。中国では，孔子が，「平和的な調和」が社会を互いに抑制すると語った。彼は，平和は個人の心から家族へ，その次に社会，そして世界へと広がっていくのだという有名な格言を残した。道教もまた，通常は相互に不干渉の規範が要求されるような，内面的調和と社会的調和，そして集団的調和の間をつなぎ合わせた。中国史において，戦国時代ですら，著名な思想 (そして孫子の現実主義な仮説) は，戦争を否定し，平和の長所を訴えた。『論語』の数ある教えの中でも，孔子が「市民的な徳」に焦点を当てていたという事実は，「……直きを以て怨みに報い，徳を以て徳に報いる」という最も有名なことばに表れている。彼の思想は近年，現代中国の「平和的発展」の象徴として，ますます再評価されるようになっている。

　古代ギリシャから古代中国まで，戦争とは，ほかでもなく「自然」で平和的な秩序が壊れることであった。他方で，尊敬，市民的な徳，隣交，協力，モラル，貿易，良い統治，親密性，契約などが，初期の平和の表象であった。初期の平和に関する思想のもう一つの特徴は，プラトン以降の，政府と市民との関係にあった。プラトンの『国家』によると，もちろん困難なことなのかもしれ

ないが，平和は，全体善のために自らの判断を行使する「哲人王」の関心の中に存在するものである。加えて，紀元前3世紀ごろの古代ギリシャの哲学においては，エピキュリアンたちが一般の人々にとっての毎日の生活状況に対して高まる関心を思想として結晶化し，ストア派の哲学者たちは自制と連帯を求めて，欲，怒り，怠惰などの個人的感情を否定した。この初期の段階においてでさえも，個人にとってのローカルで社会的な環境は重要であること，平和は多様なアプローチを必要としていること，またそれは国際的な次元をもっていることが認識されていた。それゆえ，平和を考える上で個人が不可欠なものとして考えられていた。

これらのアプローチに見られる平和は，（平和の化身であり，豊穣を運んでくるゼウスの美しく若い娘として芸術の中にしばしば登場してくる古代ギリシャの平和の女神，エイレーネのように），豊かさや気品の問題と結びつけられた。これはまた，アリストファネスの喜劇『女の平和』に示されたように，様々な戦略を通じた，戦争への反対を意味した。結果的に，かつてないほどに洗練され普及したこのような平和への理解を反映して，「共通の平和」の創出を目的にした古代ギリシャにおけるいくつかの外交的な平和条約が歴史的に成立した。

さらに長い歴史的伝統を考察したキリスト教哲学者であるアウグスティヌスの思想は，もう一つの貢献を果たした。それは，「正戦（just war）」として知られているものである。『神学大全』の中で，アウグスティヌスは以下のように記した。

　　正戦は，その主体に課せられた不正を修復する場合や，不正に奪われたものを回復することを拒絶するが故に民族や国家が罰せられる場合に，その不正を正すものとして考えられるべきである。

トマス・アクィナス（1225-74）は後に，これをさらに詳細に発展させた。戦争は，それが自衛のためであり，侵略を（しかし復讐のためではなく）処罰し，権威によって執行され，あるいはそれが最後の手段であるならば，正義であると考えられた。正戦は究極的には，平和をつくりだすはずである。1990年代のボスニアヘルツェゴヴィナへの人道的介入や，2000年代イラクにおける体制転換

のための戦争において再発見されたこの枠組みは，国際関係において今日に至るまで存続し続けてきた。いずれの事例においても，正戦は平和を促進し，平和は戦争の自然で必然的な結果であるというこの有力な正戦思考に基づいていた。2003年のイラク侵攻の際に見られたように，たとえ間接的であれ，この正戦思考は，今日の政治的議論に影響を与え続けている。

　理想主義やリベラリズムに基づく理論もまた，こういった議論の過程と密接に関連しており，イマヌエル・カントの理論や彼の「永遠平和」のための計画ともしばしば結びついている。

　平和の概念は，抑圧，権力，階級闘争，搾取，そして少なくとも部分的には草の根のアクターによって引き起こされる革命的変化といった概念を提供したマルクス主義の思想によっても豊富化されてきた。これは貧者，女性，子どもたちにとって重要な意味をもつ社会正義や解放を包含する平和の理解をもたらした（ただ，マルクス主義の亜流と結びついた暴力革命という考えは，平和に対する難問を投げかけている）。また，民衆の権利のために，草の根のアクターを動員する可能性を探求するグラムシの思想も重要であり続けている。

　世界中の平和研究の様々な学派の平和の理解における相違を記しておくことは重要である。平和を支配的でリベラルで資本主義的な世界秩序を維持するための貢献だと考える人もいるが，それはグローバルな北側 (global north) ではないところの多くの人々にとっては消極的平和にすぎない。より批判的なアプローチでは，平和は，社会正義や解放とつながり，人権，平等，連帯，持続可能性を意味し，積極的平和を求めるものとして考えられている。ヨーロッパ中心の規範や制度が，しばしば一般市民を置き去りにして，グローバルなガバナンスを支配していると主張する人々もいる。もちろん，ほとんどの平和研究学派は積極的平和を志向している。彼らのほとんどは，平和についてのリアリスト・アプローチに対する批判を唱えている。また，社会正義，デモクラシーへの参加形態，人権，平等，自治の必要性を示すポストモダンの視点というものもある。この見方もまた，どんな単一の見方も平和の定義を独占することはできないと考えている。つまり，平和の定義には多様な形態が共存する必要がある。

批判理論家たちからポストコロニアルの理論家たちに至るまで，彼らは平和の概念から生み出される必要条件の広がりを予見していた。人間性への権利やニーズ，グローバルな資本主義とネオリベラリズムによって引き起こされた問題，リベラリズム固有の偏見，社会正義や平等や自由のために参加する人々の能力などを強調するものもあった。この中には，『被抑圧者の教育学』の著者であり，ブラジルの哲学者であるパウロ・フレイレ，反植民地主義解放運動に影響を与えたフランスアルジェリアの作家であるフランツ・ファノン，ハイブリットな政治的枠組みが，植民地化された人々が植民地化している人の権力へ対抗する方法からどのように生じるのかを示したポストコロニアルの理論家であるホミ・バーバ，1998年ノーベル経済学賞を受賞し，それぞれの国の発展を比べ，ランク付けする国連人間開発指数を作ることを手助けしたインドの経済学者であるアマルティア・センなどが含まれる。平和に対するこれらのより批判的な視点は，権力とその働きを明らかにし，国内と国際的な政治のより公平な形態を確立し，平和のより積極的な形態，さらには平和のハイブリットな形態 (hybrid form of peace) を導こうとした。

　しかしこれまでのところ，ある一つの理論が，一定程度，平和に対する現代の議論で支配的である。リベラルな平和理論 (liberal peace theory) は，民主主義こそが国内政治の平和を確かなものにすると主張している。自由貿易と共に，民主主義は，民主主義国家はお互いに戦わない（その代わりに協力し，取引する）という国際関係における単一の「法則」に従い，諸国家がお互い戦争へと向かわないようにする，それゆえ不完全かもしれないが，比較的平和的な地域的・国際的秩序をもたらすというものである。この議論は，第二次世界大戦後のヨーロッパがそれ以前の歴史とは対照的に安定したということへの説明として頻繁に使われてきた。

　国際的なレベルにおいて，リベラルな平和は国際的諸制度によって支えられてきた。そしてそれは20世紀を通じて，軍縮や軍備管理といった問題をめぐる国家間の協力を促進し，自由貿易や共通の規範，ルール，法律を後押しした。1990年の冷戦の終結以降，西側諸国は，平和が民主的で人権を遵守する国家，自由貿易，様々なアイデンティティのコスモポリタンな承認，コミュニティ・

レベルにおける共存を条件としているのだという議論を繰り返し主張してきた。特に地球の北側の国々では、こういったリベラルな前提に関する政治的・学問的なコンセンサスが存在し続けてきた。またこのコンセンサスは、地球の南側の国々でも、彼らがグローバルな経済状況から平等に恩恵を受けていないという事実にもかかわらず、発展してきた。

　このリベラルな思想は進化し続けており、さらなる貢献が（ジョン・ロールズ、マイケル・ウォルツアー、マイケル・ドイルなどのアメリカの研究者を含んだ）現代のリベラルな思想家や政策立案者によってなされている。彼らはカントのリベラルな平和と、（それらが兵器の不拡散を支持し、人権、民主主義、法の支配を守る場合に、人道的介入や体制変革と呼ばれる戦争は、正当性を持つかもしれないという意味における）正戦を実行する能力とを結びつけてきた。

　リベラルな平和は国家とその社会との利益のバランスを目的とするのだが、それは一定のエリートたちの利益を保持するためであると同時に、他方で、すべてが国際機関や国際法で定められた平和の国際的な仕組みの枠内でなされることで、その大部分が社会の不安を和らげることを目的としている。リベラルな平和は、一方で自由や社会正義、他方で戦争や国内対立を防ぐために設計された相互調整とのバランスを意味している。これら本質的な諸要素の一つやいくつかの問題に対処し損ねると、積極的平和を台無しにしてしまう。それゆえ不完全ではあるものの、リベラルな平和はおそらく歴史上最も洗練された平和形態の一つである。

　このリベラルな平和の枠組みは、多くの知的・実践的伝統に分解することができる。

1. 消極的平和が戦争における勝者によって押し付けられる**勝者の平和**
2. 民主主義と自由貿易はどんな平和な国家の憲法においても基本的な内容になるべきだという（積極的平和に寄与する）**立憲的平和**
3. 国連、（ブレトンウッズ体制のような）国際金融制度、ドナー国家のような国際的諸制度が、相互に同意された（積極的平和に寄与する）国際法の枠組みに従って、平和や秩序を維持するために行動するという**国際的な平和**

4．市民社会組織，NGO，国内的・超国家的な社会運動が，歴史的な不正
　義，あるいは戦争のリスクを生み出すプロセスを暴き，修正しようとする
　（積極的平和に寄与する）**市民的平和の伝統**

　ポスト冷戦秩序の近年の脆弱性は，平和が何であるかという問題を再び提起
したのだろうか？　リベラルな平和という西側のモデルに追随すべきなのか，
それとも別の選択肢があるのか？　21世紀において，人権や民主主義よりも規
制緩和や自由市場の改革に焦点が当てられている国際政策において，どうやら
ネオリベラルな平和が支配的になってきている。しかしこれが，積極的平和の
形態が必要とする基準に見合っていないのではないかという懸念も広範に広
がっているのである。

第 **2** 章　歴史の中の平和

　　平和は春の日差しのように人々の日常にふりそそぐ。その野原は耕され，庭には花
　が咲き，牛たちは幾千の丘で草をはみ，あらたな家々が建ち，豊穣は溢れだし，喜び
　はほほえみ，人間性や思いやりが高まり，芸術や創造されたものたちは励ましの優し
　いあたたかさに包まれ，貧しい人たちにもより多くの恵みが与えられている……
　　　　　　　　　　　　　　デジデリウス・エラスムス『平和の訴え』(1521年)

イントロダクション──多様な歴史的起源

　この過去20年間，アフガニスタンやイラク，中東，北アフリカ，その他の国
の戦争，紛争，反乱は，現在の国際関係における暴力がもつ重要性を描き出し
ている。しかし，一部の人々はそのように考えるかもしれないが，平和は「現
代の発明」でも，特に珍奇なことでもない。このことを明確にしてくれる膨大
な根拠の蓄積がある。それは，政策上，理論上，哲学上のものであるだけでな
く，歴史的・社会的・宗教的・政治的・経済的・芸術的・文化的なものであ
る。すべてが描かれているわけではないが，その多くは，歴史を通じた日常生
活や社会，国家，国際関係の骨組みにおける平和の不可欠な性質を描き出して
いる。それらはまた，しばしば現存する平和の消極的形態とは異なる平和の積
極的でハイブリッドな形態への渇望を示唆している。
　平和は歴史を通じて，様々な手法で訴えられてきた。キュロス・シリンダー
(Cyrus Cylinder)(紀元前 6 世紀) は，古代ペルシアの人権宣言として考えられて
いる。平和はまた，例えば，孔子の思想のような古代の政治哲学の中にも表れ
ている。アリストファネスの『女の平和』のような古典文学の中では，ギリシャ
人の女性たちに，男性を平和へ導くようにそのパートナー (男性) から性的特
権を留保するように説かれている。法の下に男たちとその財産を守るイングラ
ンドのマグナカルタ憲章 (1215年) のように，平和は法的文書にも記されてい

写真1　アンブロージョ・ロレンツェッティの『善政と悪政の寓話』(1338-39年)

る。ルネッサンス期の画家，アンブロージョ・ロレンツェッティの『善政と悪政の寓話』(1338-39年) のような平和の「アート」も，常に存在してきた (**写真1**)。また，無視され，不当に扱われている平和を擬人化して訴えかける，デジデリウス・エラスムスの啓蒙戯曲『平和の訴え』のような文学的アプローチも存在する。

　人間性は平和ぬきにはその可能性を実現することはないということは歴史的に広く信じられてきた。ニーチェの「力への意志」と同様，まさに「平和への意志」も存在するのだ。エラスムスはこの章の題字の中で，その事実を雄弁に物語っている。紛争や自己利益は今後も常に存在し続けるだろうが，しかしその一方で，それに呼応するかのように，社会はこれまで常に平和のために形成されてきた。

歴史における平和の主要なあり方

　古代メソポタミアにおいて，ウル (紀元前2650年) のモザイクが描いているように，戦争は攻撃的であり，報復の危険性がある一方で，平和は生活，法，慣習を守るものだと認識されていた。同様に，勇敢なメソポタミアの叙事詩『ギルガメッシュ』の中では，英雄が平和を守ることに失敗することによって，彼の失墜がもたらされる。この含意は明らかである。多くの世界宗教においてそうであるように，(戦争に勝った後もしばしばそうであるが) 非暴力，啓蒙，誠実さ，高潔さへと向かう歴史的な傾向が，一般的に共同体や日常生活，そして世界に平和をもたらす上できわめて重要であるとされた。

　一般的な見方では，「勝者の平和 (victor's peace)」(平和の消極的形態)，あるいは平和の「理想的な形態 (ideal form)」が，ほとんどの平和の理解の基礎になっている。プラトンの『国家』(紀元前428/427-348/347) では，ソクラテスが，真理は「善」と結びついた理想的な平和の形態を表わしているという見方を繰り返し主張している。個人，コミュニティ，指導者，国家，皇帝は，しばしばこのような平和の理想的な形態に同意する。

　すなわち平和条約は，戦争，あるいは王・女王・皇帝・独裁者・選ばれた指

写真2　カデッシュの条約（紀元前約1274年）

出典：Osama Shukir Muhammed Amin FRCP（Glasg）撮影（https://commons.wikimedia.org/wiki/
　　　File:Clay_tablet,_Egyptian-Hittite_peace_treaty_between_Ramesses_II_and_
　　　%E1%B8%AAattu%C5%A1ili_III,_mid-13th_century_BCE._Neus_Museum,_Berlin.jpg?uselang=ja）

導者たちの権力継承と同程度に，人類史の物語に影響を与えてきた。これら平
和条約は，古くはヒッタイトとエジプト帝国との間で結ばれたカデッシュの条
約（紀元前約1274年）（**写真2を参照**）や，新しいものだと，2005年の両スーダンの
間で結ばれた包括的な平和条約にまで及んでいる。平和条約は一般的に戦争を
終わらせ，地域を安定させるために供される。有名な例としては，ビサンチン
帝国とローマ皇帝カール大帝との間に結ばれた紀元前803年のニース条約（the
Pax Niccphori），カトリック教皇とロンバルディア同盟の北イタリア都市国家，
そして神聖ローマ帝国のフリードリヒ一世との間に締結された1177年のベニス
条約（the Treaty of Venice），1502年のイングランドとスコットランドとの間の
恒久平和条約（the Treaty of Perpetual Peace）などが挙げられる。おそらく，中

でも最も重要なのは，ヨーロッパの戦争のサイクルを終わりへと導いた1648年のウェストファリア条約（the Treaty of Westphalia）である。他の例としては，1783年にアメリカにイギリスからの独立を認めたパリ平和条約（the Paris Peace Treaty），さらに有名な，1919年の一次世界大戦後パリにおけるヴェルサイユ平和条約（Paris Peace Treaty），そして実質的に現代の世界全体にとっての平和条約である，1945年の国連憲章（the UN Charter）が挙げられる。より最近の例としては，戦争のサイクルを終わらせるに至ったエジプトとイスラエル間の1978年キャンプデービッド合意（the Camp David Agreement）や，1993年のイスラエルとパレスチナのオスロ合意（the Oslo Accords），アメリカの圧力によって，セルビア，ボスニア，クロアチアの3年間の紛争を終わらせた1995年のボスニアヘルツェゴビナにおけるデイトン合意（the Dayton Agreement）が挙げられる。

　例えば，キリスト教の非暴力主義や平和主義によって代表されるような宗教的寛容から平和を理解することもまた，広く行われてきた。キリスト教同様，まずは内面の平和や，したがってより広範な平和を表す仏教やヒンドゥー教の**シャンティ**（*shanti*）や**アヒンサ**（*ahimsa*）といった概念もある。イスラムやスーフィーが提示するのは，それが達成されるとき，「より外側への平和」へと導かれるだろうというすべての人々の中にある内的な探求としての平和という理解である。ヒンドゥー教も仏教も，キリスト教，ユダヤ教，イスラム教も，それぞれ異なる方法で，同様の主張をしている。ユダヤ教は普遍的平和の中のセクト主義的アイデンティティと平和を結びつけた。キリスト教はよく知られているように，その前例に倣い，平和のつくり手（peace maker）を祝福してきた。イスラム教は，平和創出のあらゆる試みは常に互恵的であるべきであり，より広範な平和が出現する以前に，まず個人が平和の中にあるべきだと主張した。またほとんどの宗教は「偽りの平和のつくり手」にも警告を発している。10世紀以前まで，「神の平和」と呼ばれたカトリック教会によって組織された運動は，戦争よりむしろ平和に関与するべく，封建エリートや暴君たちに働きかけた。11世紀までには，十字軍の進軍にもかかわらず，ローマ法皇が支持した平和会議がフランスで数多く開かれた。12世紀の終わりごろには，獅子心王リ

チャード一世は，騎士たちを「治安判事（Justices of the Peace）」と呼び，彼らに，彼の王国の秩序を保つことを命じた。13世紀には，「主よ，私を汝の平和の道具とならせてください。憎しみのあるところに愛を置かせて下さい……」という，（アシジの聖フランシスコによる）有名な「平和の祈り（Player for Peace）」が登場した。多くの宗教的権威たちが平和を強調し始めた。

　平和の初期の次元は，もう一つ，政治的関係を安定させ，同時に貿易を可能にするために形成された，12世紀のハンザ同盟のような協定や同盟からも生まれた。これは13世紀から17世紀の間のバルト海から北海までの貿易を支配していた商人ギルドの商業的・防衛的連合だった。しかし他方で，16世紀以降，しばしば植民者と地方指導者との間，あるいは，勢力範囲の明確化を求めた植民地諸勢力の間で，ヨーロッパ帝国主義や植民地主義が加速した。平和はこの意味においては，権力や貿易の後回しにされた。

　おそらく最も有名な国内における平和の初期の法文書の一つは，イギリスのマグナカルタであった。これは国王さえも法律で縛られ（それは13世紀において

はラディカルな考えであった），**ヘイビアスコーパス**（*Habeas Corpus*）（公平な裁きなしに市民を投獄することはできないという）原則を含む人権の基本的な側面を導入した（写真3を参照）。

　政府や法にとっての関心事は，唯一国内的な平和だけではなかった。初期フィレンツェの人文主義者であるダンテ・アリギエーリは，1309年に『世界政府について』と呼ばれる重要な本を出版し，世界政府とそれに関連づけられた正義のシステムが，どのように諸民族の平時における特定の能力を発展させることを可能にし，ローカルな紛争を解決するかを素描した。すなわち，「すべて内戦状態に陥る王国は廃棄されなければならない」。そしてこのような事態を防ぐためには，「人類を導き，支配するひとりの人間が存在しなければならず，彼はまさに『君主』あるいは『皇帝』と呼ばれる。したがって，世界の幸福には君主政，あるいは帝国の存在が必要だということはあきらかである」（第1巻）。この法治による世界政府の思想は，多くの平和運動の長きにわたるモチーフとなった。国家，政府，そして「国際」という概念は，今や平和へのより広いアプローチの承認された構成要素として現れ始めたのである。

　スペイン・ルネッサンスの思想家であり，法学者のフランシスコ・デ・ビトリア（1483-1546）は，「全世界共和国」の形成という考えを提示した。彼は，外交官の安全が保障されるべきであり，平和協議が対立を回避するべく開催されるべきであり，また正義の言葉が一般的に受け入れられなければならないと述べた。また彼は，それらへの抑圧を防ぐために軍事的な介入を許容することも，あるいは辞すべきでないとも考えていた。これらは，中立である権利，安全に通行する権利，そして（特に民間人に対しての）戦争行為の制約を意味した。

　1500年まで，エラスムスは，平和の擁護者として中心的な存在だった。彼の想像した平和は，戦争や宗教，あるいは国家のアイデンティティに担保されるような秩序に基づいてはいなかった。エラスムスは，国家の国内構造がどのようにその国家の行為に影響を与え，そしてキリスト教の支配者がどのように行動すべきかに焦点を当てる，当時台頭していた人文主義的伝統の一派であった。このアプローチもまた，国家間の紛争を仲裁するための拘束力のあるロセスを要請した。

エラスムスの演劇作品,『平和の訴え』(1517年) の中で擬人化された平和は,こう語った。

　すべての良きもののまさに起源であり擁護者である平和以外に, 人や神の両者によって称賛されるものがあるだろうか? そこには, 私が到達することのできない繁栄, 安全, あるいは幸福の何が存在するのであろうか? これに対し一方で, 戦争はこれらすべてのものの破壊者であり, 悪の種子ではないのか?

この演劇作品は, 有名なイギリスのルネッサンスの哲学者であり, ヒューマニストであるトマスモア (1478-1525) が政治的・社会的ユートピアを達成する可能性を探求した『ユートピア』(1516年) を出版した一年後に出されたものである。このエラスムスの著書はまた, オランダの法学者であり哲学者である, フーゴー・グローティウス (1583-1645) が国際法を発展させるための土台を準備した。

平和の近代的な視点へ

国際法は, 近代の国際システムや平和へのアプローチにとって (時に有害でもあったが) 本質的な構成要素となっている。このような平和への人文主義的探究は, イングランドとフランスの間で, ウルジー提督によって交渉され, より広くヨーロッパの平和が達成されるかもしれないという希望を提供した1520年の「国際平和条約 (Treaty of Universal Peace)」によって頂点にまで到達したかのように見えた。エラスムスはのちに, マキャヴェリとは反対に, その君主に対して戦争を避けるように, そして自らの人民を自分の家族としてみなすように, また人民に承認された助言者をもち, 正義と法と教育を提供するようにと助言した。彼が『平和の訴え』の中で記述しているように, 歴史は結局暴力的に終焉する運命にあるのかもしれない。しかしたとえそうであっても, 彼が述べたように, 「どんな平和も, 極端に悪いということはめったにないがゆえに, ほとんどの正戦は望ましいものではない」のである。

こういった考えの根底にあったのは, どのように国内や国際的な秩序が維持されるべきなのかという, 当時成長しつつあった新しい感覚であった。このよ

うな感覚がもたらす圧力への部分的応答として，ヨーロッパ諸国で封建制に徐々にとって代わって代議制が現れ始め，それに伴って，平和や社会正義のためにロビー活動をし，またこれを創り出し守る自らの能力に気付き始めた市民をなだめるべく，ヨーロッパ中に議会が出現し始め，あるいは議会の改革が始まった。戦争がもたらす間接的な影響に加え，戦争，暴力，徴兵，またそれに伴う税負担を避けることが，その要求をますます高める人民にとっての政治目標となっていった。

平和は，しばしば公式上は，啓蒙された政治的・社会的リーダーによって「創られて」きた。当然のことだが，平和は，国益やそれに準ずる権力によって引かれた「越えてはならない線（red lines）」の枠内における利益の取引に基づいた，外交上のエリートによる，高レベルの交渉から生じるものとして考えられてきた。ロンドンで行われた1604年からのサマセットハウス会議（the Somerset House Conference）の展開は，このアプローチを典型的に表現したものである。この会議はイングランドとスペインの20年戦争に終わりをもたらした。

平和理論や平和実践の発展は，ヨーロッパの遠くでも起こった。日本では，朱子学者でもあり将軍であった徳川家康が，1603年から1868年まで続いた徳川の平和の基礎を築いた。この時代は文化的な発展と共に，顕著な経済的成長も実現したが，日本は孤立主義的で，厳格な社会秩序を保持した。この時代に日本を訪れたヨーロッパの開拓者やアメリカの探検家たちは，歴史的に非暴力的な行動基準に則った先住民たちのコミュニティに出会うことになった。

啓蒙期を通じた平和思想の繁栄は，エリートが導いた宗教的なヨーロッパ戦争の長い悪循環に終わりをもたらしたようだった。おそらく，この時代の最も有名なヨーロッパの平和条約は，ウェストファリア条約（the Treaty of Westphalia）である。これは実際に，オスナブリュックとミュンスターで1648年に調印された一連の平和諸条約であり，相互に関連するいくつかの戦争を終わらせた（**写真4を参照**）。この戦争には，神聖ローマ帝国の30年戦争（1618-1648年），およびスペイン－ネーデルランド間の80年戦争（1568-1648年）も含まれている。この条約は，領土を統合する権利をもつ，ヨーロッパの主権国家による政治的秩序を創り出した。これは国家が他の権力によって侵略や介入に服さないというこ

写真4　ウェストファリア条約調印の様子

出典：ヘラルト・テル・ボルフ『The Ratification of the Treaty of Münster』（1648年）

とを意味しており，この原則は今日も保持されている（国連憲章第2条7項を参照）。ウエストファリア条約は，その後の平和条約，国際法の発展，民族自決原理の先駆者だった。

　啓蒙運動は，政府や国家，国際組織のシステムがいくつかの限られた大国の部分的利益よりむしろ一般的な平和に優先順位を置くべきだとする思想が現れる刺激の一つとなった。ヒューゴ・グロチウスや，戦争がもたらす頑迷さ，繁栄，利益追求を批判した『一般平和の確立と貿易の自由』という副題の本を出版したエメリック・クルース（1590-1648年）は，重要な貢献を果たした。哲学者であり，ペンシルバニア州の創設者であるウィリアム・ペン（1644-1718年）は，そこに民主主義と宗教の自由に対する支持をつけ加えた。きたるべき平和にとっては国際協調がこそがきわめて重大だと考える彼は，「国際主義的」思

想が発展する嚆矢となった。

　啓蒙期に最も影響力のある思想家の一人とみなされているジョン・ロック（1632-1704年）は，個人主義，宗教的寛容，平等は，合意に基づいた政府と同様に，平和にとってきわめて重要であるというリベラルな考えを提起した。最も重要なことは，彼の思想における法と市民社会の存在である。

　　そしてすべての人間は他者の権利を侵害すること，お互いを傷つけることが制約され，自然法は遵守されるべきである。そして，すべての人間の平和や安全の実現，自然法の遂行は，ここにおいて常に人間の手中にある。なぜならば，すべての人間は，法の違反を防ぎ，また罪人を処罰する権利があるからだ……

『市民政府二論』1690年。

　ウィリアム・ペンのエッセイ「ヨーロッパの現在と未来の平和に向けて」（1693年）は，ヨーロッパ議会の実現を通じ，持続可能なヨーロッパの平和を体系化する方法についての議論をうながした。フランス革命に影響を与えたジュネーヴの政治哲学者であるルソー（1712-78年），そしてカントは，ヨーロッパの平和計画という新しいジャンルの開拓に目を向けた。ルソーは，それに加えて，国家の安定性と個人的自由や安全とのバランスを実現するために，「私は奴隷としての平和より危険な自由を好む」と主張することで，支配者と被支配者との間に社会契約の要素を導入した。

　カントの試論である『恒久平和のために』は，あらゆる平和理論の中でも最も有名なものである。彼は以下のように主張した。

　　平和の普遍的・永続的確立は，単に部分的であるだけではなく，理性の限界の範囲内に見られるものとしての権利の科学の全体的な最終目的と目的から構成される。

平和的な世界秩序においてカントが個別に語ったことは，次の通りである。

⑴　将来の戦争のために軍事物資を秘密裏に蓄えておくようなことがなされている場合には，結論として，平和はそれ自体有効たりえない。
⑵　いかなる国家も——その大小を問わず——相続・交換・購入・寄付を通じて他国を接収し，存立してはならない。

⑶　やがて，常備軍はすべて廃止されるべきである。

⑷　国外の出来事との関係で，いかなる国債も発行されるべきではない。

⑸　いかなる国家も他の国家の憲法や政府による権力に干渉されるべきではない。

⑹　他国と交戦状態にあるいかなる国家も，将来の平和において，相互の信頼を必ず不可能にしてしまうような敵意の様式を採用すべきではない……。

彼はこの要求にこう付け加えた。

　すべての国家の市民憲法は共和制（すなわち民主制）であるべきであり，国家の権利は自由国家の連合に基づいて基礎づけられるべきであり，コスモポリタンなシステムにおける世界中の市民の諸権利は，普遍的なホスピタリティ（歓待）の条件に服すべきである。

これを言いかえるなら，カントが求めたのは，世界平和を促進するための国際組織の創造，そして民主主義と人権を取り入れた国家であった。これらの「条項」は，現代における民主主義的，あるいはリベラルな平和の理解の基礎となっており，今日の国際政策を支配している。またこのような考えは，20世紀の平和運動にとって不可欠なものであり続けた。これは，第二次世界大戦後の国際組織や，国連システムからEUやアフリカ同盟に至る広範な制度の確立，そして，平和創造，平和構築，国家建設，人道的介入などの現代的メカニズムの先駆けとなった。

社会的な政策提言（advocacy）の重要性

その頃までには，平和の議論は，王や哲学者，宗教家，政治思想家によって独占されるべきものではなくなっていた。多くの平和のための社会運動，活動家，ロビー活動の誕生とともに，19世紀までに，戦争を引き起こす権力をエリートたちから奪うことを決意した一般民衆が台頭したため，平和は，エリートだけでなく彼ら一般民衆の手中にもあるということが明確になった。

歴史的に，相互に交じり合う様々な社会運動は，しばしば社会を横断して，あるいは諸社会の間で起こる，長年に渡る政治的・社会的・経済的不平等に対する，政治構造や社会構造の重大な変化への推進力となってきた。それらは19

世紀の奴隷制に反対する市民社会運動の成功にはじまり，他の問題領域についても自らを広く組織化し，動員するようになった。例えばイギリスにおいて，1938-1948年の間のイギリスの政治変革を望んだ労働階級による諸組織の混合物であったチャーティスト運動は，（少なくとも男性の）普通選挙権，普通選挙，（土地所有貴族に対峙するものとしての）専門的な政治集団のための討議課題を公表した。そこでは，社会や諸個人がヒエラルキーではなく平等，そして搾取に抵抗し，階級のない社会を創る「プロレタリアート」を強く求めることによる，今日で言うところの「社会正義」へ至る道のりを発展させるという社会主義的な色合いが強かった。

カール・マルクス（1818-83）の著作は，社会主義運動の展開に寄与した。それは，「労働者階級」という視点から資本主義の問題点を描き出した。もう一人の革命的社会主義者のフレデリック・エンゲルスとともに記した『共産党宣言』の中で，マルクスは，労働者のためにより良い諸条件と諸権利を提供するべきだと主張することによって，資本主義と古い封建システムに代表されるその構造的な抑圧を批判した。しかし，彼は平和的手段か革命的手段のどちらが必要なのかという点についてはあいまいであった。またこのような感情は，西洋における権力や階級のヒエラルキーに対する，より広範な社会的不満を反映していた。

1843年，英国で開かれた国際平和大会議では，自由貿易や平和主義や紛争解決における平和的手段への支持が強固になり始めるという現象が起こった。もう一つの平和会議は，翌年パリで開かれた。当時のイギリスにおける有名なリベラル思想家の一人であったリチャード・コブデン（1804-64）や，フランスの詩人で小説家であったヴィクトル・ユーゴー（1802-85）も出席し，そのような野心に基づく主張の広がりを示した。この会議では，発展の速度や影響，輸送手段の改善による世界の縮小や，仲裁の必要性，戦争にむけた借金増大の習慣などのすべてが議論された。しかし，軍縮，平和主義，安全保障の維持，民族自決などの，参加者を分断し，19世紀を通じて断続的に相反させ続けてきた相矛盾するアジェンダによって，不一致が生じた。そしてその段階で，平和は公然と政治化されてしまった。

1884年にイギリスで創設されたフェビアン協会のような組織は，社会的な労働状況を改善するために機能し，キリスト教的信条体系によって，革命への動機を和らげた。しかし，たとえそうであっても，キリスト教には，社会全体に権力や資源を公正に配分するための人権や代議制に発する社会正義についての思想が含まれており，19世紀と20世紀の最も強力な改革のダイナミズムの一つを生み出した。

　平和主義（Pacifism）は，（暴力が正当化されてしまうような抑圧やジェノサイド，帝国主義に対抗するための自己防衛のような場合があるという主張もあるために，すべてが平和主義的ではないが）しばしば平和運動と同一視されてきた。一般的な平和主義者はあらゆる種類の戦争や暴力に反対する。平和主義は人間の歴史や世界のすべての様々な宗教の一要素となってきた。平和主義と市民的不服従の必要性に関するトルストイやソローの著書はこの時代を通じて特に重要となった。レフ・トルストイ（1828-1910）は『戦争と平和』を著したロシア人作家であり，道徳家であり，社会改革家であり，「クリスチャン・アナキスト」，または平和主義者とされている。トルストイは市民的不服従や非暴力抵抗によって軍国主義に反対したことで有名になった。アメリカの思想家であるヘンリー・デイヴィッド・ソロー（1817-62）は，「市民的不服従」というエッセーを書き，その中で，個人に対して不当な国家に抵抗することを呼びかけた。

　　もし，何千万の人間たちが今年税金を払わなければ，それは暴力的で血ぬられた手段にはならないだろう。もし税金を払ったとしたら，そのときは国家が暴力に関与し，無実な人々の血を流すことが可能にしてしまうだろう。こうした不払いが可能なら，これこそ事実上の平和的な革命にほかならない。

　非暴力抵抗は，次第に，不平等や不公平の克服をも目指すようになり，大きな社会利益集団によっても採用されるようになった。非暴力抵抗についてのこのような思想は，例えば，20世紀前半の大英帝国からのインドの独立闘争を率いたマハトマ・ガンジー（1869-1948）や，アメリカにおける市民権運動のマーチン・ルーサー・キング（1929-68）などに深い影響を与えた。

　平和思想のもう一つの側面は，アナーキストの伝統における初期の主要な思

想家の一人であるピーエル・ジョセフ・プルードンの著作に発する。彼は，1861年の『戦争と平和』の中で，国民国家と私有財産の原則が平和をむしばむだろうと主張した。彼はアナーキズムが非暴力的であるべきだとし，（労働が資本家の利益を創り出すのではなく，それによってむしろ公平な報酬を受けられるような）相互扶助のシステムが国家の公式のプロセスを乗り越えるべきだと考えた。

　これと似たような主題を提示したのは，19世紀を通じて，労働者の権利促進のために，広範な社会主義者と20の異なる国の労働党を呼び集めた第一インターナショナル，および第二インターナショナル（1864-76/1889-1916）のアジェンダだった。ほとんどはイギリス人だったが（また時々うまくいかなかったが），世界中の労働者協会，労働組合，社会主義者，共産主義者が，労働者の権利や労働時間，ジェンダー平等，反戦姿勢の限定などの問題における共同戦線を発展させようとした。平和は，資本主義の発展や生産様式と結びつけられ始めた。

　19世紀終わりまでには，新たに現れた平和運動が何百万人もの人々の共感を得，注目を浴びるようになっていった。平和運動は，徐々にエリートが率いる戦争に対する受け身の行為体であることをやめ，戦争に反対し，より良い平和実現のための広範な政治的，理論的，経済的，社会的議論を展開し始めた。西洋における多様な「平和の友（Friend of Peace）」の運動は，その後現れるようになる組織された平和運動の基礎を築いた。イギリスやアメリカで，彼らは幅広い思想家や宗教運動，労働者，科学者，著者，経済学者，社会改革家，政治活動家を結びつけた。彼らの目的は，支配者たちが戦争することによる利益だけを見ることをやめさせ，支配者たちに平和への一般的な要求と，さらには平和を実現する可能性を気づかせることであった。例えば，クエーカー教徒たちは，平和主義や平和を，正義や福祉のためのより広い闘争と結びつけられた平和や宗教的立場と同一のものとみなした（そして，今日でも彼らは市民社会や世界中の公式な平和のプロセスを静かに支援している）。

　さらに，1850年代から1870年代までのクリミア戦争から普仏戦争に至る19世紀における工業化した紛争が，平和の構造にとって次第に重要なもう一つの要素の出現を導いた。それは人道法，そして特に赤十字のような人道的救援組織の端緒を築いた。1859年，スイスのビジネスマンであったアンリ・デュナンは

偶然戦争を目撃することになった。このソルフェリーノの戦いの経験に戦慄を覚えた彼は，1863年にジェノバに国際赤十字社を設立した。続いて開催された最初のジェノバ会議は，捕虜や人道支援従事者を含む戦争に巻き込まれたすべての人に対する人道的な扱いを要求した。中立的な国際人道救援組織である赤十字社は，戦地へ自由にアクセスできるべきであり，その中立性は交戦中の当該政府によって尊重されるべきだと要求した。デュナンは，1901年に初めてのノーベル平和賞の受賞者になるべくしてなった。

　19世紀の平和運動は，1899年のハーグ会議をはじめとする多くの会合，運動，打ち合わせ，会議によって全盛をきわめた。この運動は，国際的なレベルで平和運動を公式化するという目標を展開する「リベラルな国際主義」として知られるようになっていた。そしてこの流れの中で，ある人々は国際法を精錬しようとし，また他のある人々は諸国家の国際的連邦制を創り出すことに焦点を当て，また別の人々は平和の究極の権威としての世界政府を目指した。またこの1899年の会議は，紛争解決の手段として（第三者による拘束力のある解決策に紛争を委ねることに紛争当事者が同意する）国際的な調停の考え方を導入した。これは出席した26の調印国家のすべてにとって拘束力があると思われていた。他方で，軍備縮小の問題においてはいかなる進歩も，見られなかった。さらに，女性たちの平和運動も，彼女たちが参加したいくつもの会議が20世紀の初頭に開催されたものの，第一次大戦の勃発により，戦後すぐに勝者の同盟による国際連盟が創られるまで，終息させられた。

　芸術も，平和の概念の発展やその普及において役割を果たした。例えば，1340年にロレンツェッティがシエナで描いたフレスコ画，『平和と戦争』は，都市における平和と戦争がもたらす異なる影響を徹底的に描いたものだった。イングランドとスペインの非公式の使者として絵描きの役割を描いたルーベンスの著名な絵画である『マルス（軍神）からパークス（平和の女神）を守るミネルヴァ』（1629-30）のように，時おり，平和はわかりづらく，想像が難しい形で提示される。20世紀を通じて，市民に対する現代の工業的戦争の真実を暴いたピカソの『ゲルニカ』（1937年）のような無数のモダン・アートや文化，あるいはイギリスの詩人であり，第一次世界大戦の戦士でもあったウィルフレッド・

＊1776年の独立宣言もまた，13のアメリカ植民地と大英帝国との戦争を終結させた。

オーエンのような（『死すべき定めの若者のための賛歌』（1919年）を含む）文学や戦争詩において，平和は芸術に刺激を与え，芸術に反映され続けた。

　歴史的に，どんな社会の中でも，暴力の時代は社会の内または外のアクターによって，いつも暴力と戦うための平和構築戦略の発展が促進されてきた。世界中の多くのいわゆる平和的社会，大体は小さな，部族的性質の社会は，紛争の仲裁や，予防，自制の国内的プロセスを発展させてきた。近代では，いくつかの国家がほとんど，あるいは全く軍事的な能力をもたないとする平和憲法を採用した。ブラジルは現在，国防省によれば，ほかの国家の多くがそうしているように，「伝統と信念による平和」を実現する国として自国を定義している。

　平和は，1776年のアメリカ独立宣言のようなリベラルな政治的宣言を刺激してきた，そこで人間の権利がおそらくはじめて簡潔に書かれている（生，自由，幸福の追求）。20世紀までには，平和はマハトマ・ガンジーや非暴力的な市民の抵抗のための彼の思想を含むリベラルでラディカルな政治的・社会的思想家にとって主要な動機であった。階級闘争や共産主義のユートピアを導く革命のマルクス主義的理解は，「階級なき社会」におけるもう一つの平和のビジョンを提供した。あるいは，社会は平和主義や霊的な秩序への熱望を通じて平和を実現するだろう。その際平和は，一枚岩でできた閉じた政治的秩序や他の集団との関係に基礎をおくか（しばしば，それは政治的コミュニタリアンの形態として見なされる），共通の規範やアイデンティティ，そして差異との共生（コスモポリタン）に基礎をおいている。

　平和の歴史的進化はネガティブな狭義の平和からポジティブな広義の平和へと移行してきた。それは歴史を横断し，著名な哲学的・政治的・社会的・経済的テキストの中においてのみならず，多くの社会運動，同盟，条約，制度が現れたことによって，つまり情熱と事実の両方として進化してきた。また，この広義の平和のビジョンが次第に採用されたことで，平和の基礎がエリートの利益，国家の利益，または帝国の利益から，改良された国家や進化している国際的システムによって支えられ，毎日の生活における人々の利益へと移行した。この展開が，20世紀の多様な政治的，軍事的，社会的闘争の舞台を準備したのである。

第**3**章 現代の平和

　20世紀の国際システムは，国家・法律・制度・貿易・憲法・市民社会におけ
る様々な形態から成り立っていた。同時に，国際システムは，進歩的平和思想
の国際的な平和の構造を体現するようになった。近代的でリベラルな平和の概
念は，常に世俗的な平和の促進要因として，安全保障・政治制度・民主主義や
人権・発展・貿易に焦点を当てている。平和の概念は，国連や世界銀行や，ア
メリカ・イギリス・日本・EUといった主要なドナーに代表される，多くの支
配的な平和構築のアクター・機関・国家によって促進される。この国際的な平
和構築は，さらなる国際的平等が必要であると訴える，社会正義を渇望する強
大な批判に加え，現代芸術や平和の科学の到達点を体現している。

20世紀の平和

　第一次世界大戦の間に出現した良心的兵役拒否は，反戦の立場を取る最もよ
く知られた要素の一つであった。平和主義が正当な市民の関心事として認めら
れ，実際の軍事貢献の代わりに，彼らの労働奉仕が法的に認められるようにな
るまで，（イギリスでは，）良心的兵役拒否者たちは国によって投獄されること
もしばしばあった。良心的兵役拒否を導いたこのプロセスは，ケンブリッジ大
学の哲学者バートランド・ラッセル (1872-1970) によって強く支持された。
ラッセルは，ときに自由主義者で，ときに社会主義者で，そしてときに平和主
義者であり，この時代最も有名な哲学者の一人だった。20世紀初頭の有名な反
戦活動家ノーマン・エンジェル (1872-1967) の著作にもあるように，貿易と軍
縮のための訴えは重要であった。両著者は，これらの思想を主張し，広く普及
させた。
　その時代の突出したビジネスマンもまた，世界平和の促進に携わるように
なった。その最も有名な人物として，アンドリュー・カーネギーが挙げられ

る。カーネギーは，ハーグの平和宮の建設資金を支援するだけでなく，平和活動に従事する財団や組織を支援するため，20世紀初頭，アメリカの鉄工業から得た莫大な富を使った。今日ここには，他の組織と並んで国際司法裁判所も含まれている。

　第一次世界大戦はその後の様々な平和活動にとっての破滅であった。しかし，第一次世界大戦に終結をもたらしたヴェルサイユ条約の後に出現したのは，国際連盟の設立を伴った平和の民主的な体系の価値に関する議論であった。これらは，積極的平和構築の試みにとっての礎だった。その後平和は，軍縮や紛争を管理するための制度構築や集団行為，平和を強化する役割をもつ理事会および国家や事務局との争いを調停することをも含むようになった。難民高等弁務官事務所は，戦後の深刻な難民問題を扱うために設立された。もう一つの制度は，崩壊しつつあった植民地主義システムを管理するためのものであった。ヴェルサイユ条約は，アメリカのウィルソン前大統領の14箇条に基づいて形作られた。14箇条とは，支配や占領よりもむしろ同意を通じて，「民主主義のための安全」な世界を創り出すことを意味した。ウィルソンの14箇条は，カントの「恒久平和のために」と著しく似ていた。国家間に秘密協定があってはならない，外交や交渉は公的であるべき，自由貿易や航行の自由が存在すべき，全体的な軍縮が行われるべき，というものである。しかし，ウィルソンが自身の功績から1919年にノーベル平和賞を受賞するものの，米上院はこの条約を拒み，アメリカは国際連盟に加盟しなかった。

　1919年の国際労働機関（ILO）の設立は，ある程度，労働者たちの運動，そして，社会正義という概念の重要性が次第に自覚されるようになった結果だった。1946年に国連初の専門機関となったことは，その重要性の証であった。ILOは，続いて国際基準を設定した後，しばしば市民紛争を導いてきた搾取的ダイナミズムを軽減するために，雇用者と被雇用者関係を調整した。

　財政的・政治的危機が顕著で見通しが暗い新時代としばしば考えられていた戦間期さえ，1932年には世界軍縮会議が開催された。イギリス平和誓約協会や，婦人国際平和自由連盟，戦争抵抗者連盟や，クエーカーの団体などの数々の主要な平和運動が機能し続けた。

マハトマ・ガンジーは，社会主義・発展・平等のための運動を非暴力と結びつけたサチャグラハ（真実）運動と，アヒンサー（非暴力）のアプローチを導入した。ガンジーは，インドにおけるイギリス植民地主義を突き崩すためにこういった手段をとったが，これらの手段は，「文明化の使命」を表象する主張を抑制し，しばしば抑圧的で人種差別主義的な特徴をさらしてきた世界中の植民地主義の正当性に大きな衝撃を与えた。

　注目すべき戦後のひとつのできごとが，再度ヨーロッパにおける緊張への急速な回帰を反映し出した。1932年，平和思想の歴史への長期的な学問的関与を持続する中で，一般相対性理論を展開したことでよく知られるアルバート・アインシュタイン（1879-1955）と，心理分析の父であるジグムント・フロイト（1856-1939）は，『なぜ戦争なのか』という論稿で，様々な平和運動に彼らの知的な貢献を果たした。彼等は戦争を避けるための人間の能力について論じた。

　　　人間はすべて，いつになったら平和主義者になりえるのか？　我々が一つ言えるのは，それがどんな成長であれ，文明の成長が，同時に戦争に反対するために機能するということである。

　アインシュタインは，1955年，平和問題に立ちかえり，国際紛争の平和的解決を模索する世界的リーダーたちに呼びかけ，ラッセルと共に核戦争を回避するマニフェストを出版した。それは，「人間性を思い起こせ，そしてその他はすべて忘れよ。」と訴えた。多作の英国作家であり，社会主義者でなおかつ平和主義者であり，社会問題における活動家であったH.G.ウェルズ（1866-1946）もまたそうであったが，その後ラッセル自身は，世界政府創造の目的と平和運動を結び付けた。

　1945年，かつてない程に国際平和において恐らく最も大きな挑戦であった第二次世界大戦が終了したのち，ナチスの戦争犯罪人をニュルンベルク裁判で訴追するために結成された国際的軍事裁判で正義は追究された。西欧の大部分の復興は，アメリカのマーシャルプランを通じてもたらされた。欧州石炭鉄鋼共同体（ECSC）や，続いて生まれた欧州経済共同体（EEC）と同様，国連システムの設立が新しい平和を確立するための国際的・地域的構造を提供しようとした。

約15億人の人々を代表し，インドやインドネシアを含んだグローバルサウス
から29もの新興独立国が出席し，1955年に開催されたバンドン会議は，既存の
冷戦秩序や，そこからもたらされる不安定から免れたもう一つの選択肢として
位置づけられるような政治運動を開始した。1961年，政治的発展のオルタナ
ティヴなアプローチを求めていたユーゴスラヴィア・インドネシア・インド・
エジプトなどの国々によって率いられた，非同盟運動が形成された。要する
に，少なくとも非同盟運動は，継続中の冷戦の支配的イデオロギーに対し，そ
の均衡を取るものとして，グローバルサウスにおける国家の発展を促進した。
それまでは，グローバルノースである帝国や諸国家に大部分を支配されてい
た。ところが，グローバルサウスからの新しい声が今や，国際秩序の性質に関
する議論に参入し始めるようになった。また，グローバルノースにおける社会
主義的で超国家的な運動も，公民権やアパルトヘイトや社会正義の他の側面に
至るまでの問題を告発することで，自らの存在感を示し始めた。
　1963年にワシントンで演説をしたジョン.F.ケネディ元アメリカ大統領もま
た，平和運動に着目した。

　　それゆえ私は，理性的人間の合理的目的として平和を語る。コミュニティーの平和
　と同じように，世界平和は，個々の人間が隣人を愛することを要求していない。世界
　平和は，ただ相互的な寛容の中で彼らが共に生きるということだけを要求しており，
　そして問題が常に人間によってつくられるものである以上，人間によって解決可能な
　ものであるということである。

　この期間，国連の平和維持が，国内や国家間における紛争をやわらげ，予防
するための新しい手段として登場した。国連平和維持活動は，小さな紛争が超
大国の紛争に火をつけないようにすることを第一の目的とした。1989～90年の
ソ連の崩壊を導いたこの時代の間，ラッセル・アインシュタイン宣言に影響を
受けたミハイル・ゴルバチョフとロナルド　レ　ガン前アメリカ大統領は，核
戦争では勝利はできないことや，主要な通常兵器や非通常兵器（核兵器）の軍縮
が求められていることに合意した。この軍縮への道は，それ以前に長い間，反
核運動が追求してきたものであった。

冷戦後のリベラルな平和

ソ連が崩壊した後，リベラルな平和は少なくとも西側にとって，紛争・戦争・暴力に対する主要な解答であった。平和のグローバルな，そして，地域的で国家的でローカルなダイナミズム，そしてその，社会的・経済的・政治的・文化的次元への自覚は今や，民主主義や資本主義の利益，一部の国家における社会福祉，国連によって導かれた平和や発展の国際構造と融合した。国連の会議・書類・委員会・機関・組織が発展し，平和における社会的・政治的・経済的・制度的側面のローカルかつ国家的でグローバルなダイナミズムの改善に焦点が当てられ始めた。これらの中で最も重要なことは，1992年の「平和への課題」，1992年のリオデジャネイロでの「地球サミット」，1994年のカイロ人口サミット，1995年の北京女性会議，2000年の国連ミレニアム宣言，2005年の保護する責任であった。これらの会議は，平和のための現代的な指標を築いた。

リベラルで国際主義的で，なおかつ理想主義的で平和主義的な運動は，人道主義，国連のような国際情報制度の設立，国際法，民主主義，自由貿易，経済的再配分の形態と結びつけられてきた。それらの運動は，その目標達成の手段として大衆動員や非暴力抵抗をも導いてきた。

現代の平和は，多様な局面を組み入れている。ひとたび安全が保障されれば（消極的平和が実現すれば），次の段階は積極的平和を作り出すことだ。兵器や兵器貿易（特に核兵器）の削減もまた，非常に重要とされてきた。リベラルな平和は（世界政府を通じた平和に対抗するものとして），諸国家からなる現代の国際システムや国際秩序の基礎となった。より消極的，あるいは，勝者型の平和における（NATOのような）行為主体としてかつては考えられていた多くの諸組織もまた，この方向での展開を遂げた。

この時代はまた，古い戦争志向の（家父長制的な）帝国や国家の主権を変革する声や活動に加え，グローバルサウスからの声の高まりが見られた。積年の，そして時に人種主義的で，家父長的で植民地主義的な平和理解や，またリベラルな国際主義に基づいた同様の平和理解のより洗練された形態もまた，次第に

拡大した。

　もちろん20世紀にはたしかに数々の悲劇的戦争が起こったが，20世紀末には
その数は減少した。ボスニア・シエラレオネ・アフガニスタン・イラクのよう
に，偶発的に現れる反逆者やテロリストを支援する体制を減らすための国際共
同体や，人道的理由に反する重要な脅威がある場合を除いて，戦争は政治的手
段としてますます成立しえなくなった。

　国連はドナーシステムと共に平和のためにその能力を発展させ続けた。たと
え強化されずとも，国際法は一層重視されてきた。核軍縮が広く議論され，国
際的に受け入れられるようになった。平和についての展望は，今や，市民社会
や人権に関連する問題を含み，研究や教育の領域まで拡大している。たとえ，
直接的・構造的暴力の除去が今のところ不十分であっても，平和・発展・安
全・権利・ニーズにおける政策決定は，著しく発達してきた。紛争が人にもたら
らす結果や，平和の次元を強調する（国家の安全保障に対抗するものとしての）人
間の安全保障のような概念は，1990年代の国連システムの中で国際的なアジェ
ンダの一部となった。

　人間の安全保障のような概念は，一点の曇りもない偉業の記録であった訳で
はなかった。それにもかかわらず，生まれつつある国際平和構造の能力や，政
治的な紛争解決における平和プロセスへの国際的・社会的圧力が飛躍的に増大
した。直接的・構造的暴力，兵器拡散，国連の能力の不足，持続不可能な開発，
貧困，性の不平等，人間の人身売買は続いている。しかし，その対応によって
平和が想起され，それが法・制度・政治・憲法・政策・教育・社会的展望の中
にますます組み込まれつつある。

　リベラルな平和の様々な形態は今や，新興諸国やローカルでトランスナショ
ナルな行為主体といった，世界の舞台のより新しいプレイヤーによって支えら
れている。国際共同体における諸国家の大多数は，現在，リベラルな平和に
よって現状の体制を形成することにある程度満足しているように思われる（た
とえ，中国やロシアのように民主主義体制ではなくとも）。しかし，（資本主義におけ
る経済政策を支持する一方で，）大多数は自らの本性のいく分かを隠ぺいし，それ
が必要とする改革に組み込まれることに反対している。しかし，戦争が発生し

未だに脅威を与えるような世界で，ほとんどの主要な諸国家は，今日，国連から，IMF，世界銀行，欧州連合，欧州安全保障協力機構 (OSCE)，アフリカ連合などに至るまでの様々な国際組織で，リベラルな平和を作り出す役割を果たしている。

　エリート，あるいは国家レベルの外交官や国際公務員は，交渉，調停，紛争解決，平和構築，国家建設あるいは，開発のプロセスを活用する。国際的平和維持軍や人道的介入も，リベラルな平和に貢献するかもしれない。今や，平和のプロセスは，国際的アクターによる有意な支援の提供に関連したものである。「力への意志」（よくても消極的な平和を意味する）が，しばしば世界的な大ニュースとして報じられてきたのだとしても，積極的あるいは，ハイブリッドな形態の「平和への意志」こそは，ローカルまたは，国際的で集合的な人々の悲願に他ならない。

第4章　歴史における勝者の平和

勝利者たち，そして強奪者たちへ

　　　　　　　　　連邦上院議員　ウィリアム・マーシー（1832年）

　戦争の本質は実際の戦闘だけから成り立っているわけではない。それはよく知られた戦争への準備の中にも備わっている。その期間中，戦争しないという保証はない。平和とは，そういった戦争以外のすべての期間にすぎない。

　　　　　　　　　　　　　　　トマス・ホッブズ『リヴァイアサン』

　勝者の平和は軍事的な勝利から平和が生まれるという歴史的な観点から発展をとげてきた。こうした消極的な平和の形態は，威圧的でしばしば不公平だが，少なくとも勝者が生き残っている限りは，秩序立っているかもしれない。それどころか，この形態は洗練された平和が現れるための基礎をもたらすかもしれない。ダーウィンの適者生存という概念に発し，戦争や暴力は，人間の自然な条件であると考えることは，最も古い平和の理解であると長く考えられてきた。この意味においては，どんなに限定された平和も，領土や資源をめぐる武力衝突が起きるまでの単なる短い期間にすぎない。（今日のアメリカの影響力と同様に，アレクサンダー大王，ローマ帝国，大英帝国などの）勝者の継続的な支配は，権力が持続することがない場合はべつとして，押し付けられた平和がいかなる挑戦にも打ち勝つということを意味している。

　このような勝者が創り出す形として意味づけられる平和のモデルは，軍事支配や占領，植民地主義や，帝国主義に基づいているがゆえに，一貫して，限界があるものだった。このような平和がもたらすのはせいぜい，支配，同盟，敵の軍事力が理由で，勝つには代償が大きすぎるものとして戦争をみなすリーダーや国家によるバランスオブパワーを通じて創られた秩序の基本的な形態にすぎない。こうした考えは「消極的平和」の形態であるというのが妥当だろう。

　現代のチュニジアであるカルタゴの都市に対するローマによる紀元前149年

の破壊は，おそらく最もよく知られ，最も初期の勝者による平和の例である。カルタゴの軍隊が敗北した時，ローマ帝国はそれを世界地図から完全に消滅させるために，カルタゴの都市が徹底的に壊滅されるべきであり，その土地は塩で覆われるべきだと宣言した。皮肉にもカルタゴはこのことではっきりと記憶にとどめられている。しかしながら，勝者の平和は単に力以上のものを必要とした。それは法である。戦争に勝利したあと，バビロニア帝国の初代皇帝が押しつけた「ハムラビ法典」の中で，平和という言葉を定義するために，彼の領土のまわりに石板がおかれた（紀元前1789年頃）。

　勝者の平和についての議論は古代の文献にたどることができる。ギリシャの歴史家で，アテネの司令官であったツキディデス（紀元前460-395年頃）は，スパルタとアテネの間の『ペロポネソス戦争の歴史』という本の中で，彼の経験について記述した。戦争前は，アテネはギリシャの中で最も強力な都市国家であったが，スパルタとの和平が失敗したあとは，結果的に，スパルタに打ち負かされた。スパルタはアテネの代わりに，都市国家をけん引していった。その戦争は経済的に破壊的な影響を与え，アテネが育んでいた民主主義の考えを突き崩していった。その代わりにスパルタによる権威主義的なアプローチを据え，その後古代ギリシャの世界に繰り返される戦争へと導いた。ツキディデスは有名な「メロ人との対話」において，犠牲の問題について探究したが，力こそ国際関係を決定すると結論付けた。

　アテネの人々は以下のように述べた。

　　強いものはできることを行い，弱いものはしなければいけないことで苦しむ。この律法を我々は最初に創ったわけでもなく，その律法がつくられたときに，この律法に基づいて行動していたわけでもない。すなわち，私たちはこの律法が以前から存在していることがわかったし，死んだ後も永遠にこの律法を存在したままにしておくだろう。我々と，我々と同じ力をもつすべての人が同じことを知っているがゆえに，私たちができることはその律法を利用することだけである。

　多くの他の歴史的文献もまた同様の議論や経験を提起した。『兵法』（紀元前476-221年頃）という孫子の名作では，他の国家との協調や外交を進めつつも，戦争に勝利する方法が書かれている。他国との協調は，5世紀に書かれたアウ

グスティヌスの『神の国』においても重要である。彼にとっては，戦争は人間性の「落ちぶれた状態の最たるもの」であった。けれども，戦争はキリスト教徒の敵に対しては，合法的に戦われる。キリスト教徒同士の戦争は罪深く，慎重に行われるべきである。この「神の国」は，異教徒にとって平和的ではないとしても，キリスト教にとっての平和の帝国であった。マキャヴェリの基本書である『君主論』(1513) では，栄光や生き残りを達成するための不道徳な手段の利用の正当性が指摘されている。トマス・ホッブスの『リヴァイアサン』(1651) で，自然状態——万人の万人に対する闘争状態——は，社会が従属している強い中央政府によって，はじめて回避することができる。権力の乱用は平和のための代償である。こういった議論は，戦争や権力が秩序をつくり出すということを示唆するのみならず，その重要な意味合いは戦争と平和に対する理解を発展させることにある。しかし，それらは権力，生き残り，または規範のどれを優先するかという課題に取り組んだのだろうか？　権力と利益は規範に勝るのか？（つまり，たとえ，他者の権利や尊厳を突き崩しても，権力者たちが彼らの望むことを行うということなのか？）何が正しい平和のための正しい戦争なのか？（つまり，どのような戦争が人々によって受け入れるであろう平和を創り出すために使われ，正当化さえされるのだろうか？）逆説的ではあるが，時に戦争は平和を達成するためという理由から行われ，そして時に，平和は互いの集団にとって排他的な利益となる。平和と戦争における初期の文献の中には，不正義や貧困は戦争の重大な要因であったという信念を生みだすような，より明確な主張もみられる。

　正戦について書いたルネッサンス期スペインの哲学者であり，法学者であったフランシスコ・デ・ビトリアは，勝者の平和の新時代への舞台が整ったと考えた。つまり，無人の土地は勝者の平和のためという理由を与える搾取を可能にし，それは君主の利益として正当化された。

　ホッブズの『リヴァイアサン』は，自然状態における戦いは主にリヴァイアサン（ホッブズは最も権力をもったアクターを意味する巨大な海の怪獣として言及している）の利益や能力にあると主張する一方で，社会内の権威に対する合意や正当性の必要性にも気づいていた。

ヨーロッパの産業諸国家の利益や権力から発生する植民地主義的，帝国主義的システムは自らを，栄光や利益のため，また「原住民を文明化する」ために，世界中の膨大な人々や広大な土地を支配していると考えていた。これこそ勝者の平和に他ならなかった。ヨーロッパの植民地主義，帝国主義における展開は，より劣った者として認定された人を支配するより優位な人種の権利に根拠をおく。

　エリザベス朝時代（1558-1603），イギリス帝国による新しい海路の開発は，貿易の潜在的可能性の急速な実現，そして，究極的には領土の獲得や管理による財政的・軍事的利益の急速な実現を導いた。この展開における暗黙の事実は，植民地や属国における戦争と交易や平和との間の関係性にあった。平和は，占領者あるいはその土地の原住民との間で，非常に異なった認識をされた。19世紀が終わるまでには，ヨーロッパの帝国主義は次第に，領土の資源や人々の搾取といった特徴を薄めていき，ローカルな住民にとって利益であると思われるような，リベラルな「文明化の使命」によって特徴づけられるようになった。もちろん，それはしばしば，ただ単に善意の化粧によって偽られていたにすぎない。

　大規模な産業化によって，国家や帝国主義諸国が自由に戦争をすることができる能力も増大した。領土や原料や市場への要求がかつてないほど大きくなったため，ファシズムへと漂流する国家もあった。まさに国家は，権力を集中させようとする究極の試みの死活的要素であり，それゆえ戦争が政治的手段として利用された。そのような議論に即せば，戦争というのはまた，個々人が倫理的生活を営む能力を開花させる一つの理由を提供するものでもあった。実際に，同様な議論を生み出したドイツ哲学者のヘーゲル（1770-1831）にとっての平和とは，「民族の堕落」をもたらすものでもあった。

　歴史上はめったに起きなかったことだが，勝者の平和が主として圧倒的な力によるものであるとすれば，妥協こそが，19世紀，そして20世紀初頭のヨーロッパのほとんどの政治を特徴づけた勢力均衡システムから生み出された形態であった。これは，国家と帝国の間の消極的平和を維持してきた同盟システムに基づいていた。20世紀初頭のヨーロッパの歴史を見てわかるように，そのよ

うな平和の弱点は壊れやすいということにある。同盟は，秩序を維持するかもしれないが，1914年や1939年のドイツに見られたように，攻撃的国家に対抗するための支援をも要請する。同盟システムが引き金となり，また，かつての国際システムやその帝国が崩壊することによって，紛争が，地域的・世界的戦争へと時に急速にエスカレートするだろう。

　1914年の戦争の勃発は，「文明」が依然として戦争に寛容であるという一般的な疑念をなぞるようだった。第一次世界大戦が，それに伴う直接的・二次的コストが積み重なるにつれて，戦争はどんな明確な目的も利益ももたらさずに終わりを迎えたということが明らかになった。第一次世界大戦は，巨大規模の産業化された戦争が，いかなるコストを払っても完全には勝利しえない戦争であるということを初めて示した。実際，いかなる勝者の平和もあまりにコストがかかるがゆえに，その意味を失ってしまった。

　そのあとのヴェルサイユ体制もまた，アメリカ合衆国大統領のウィルソンの「14か条」によって決められたという理由から，勝者の平和であったと言えるだろう。ケインズが，自著の『平和の経済的帰結』(1919) の中で予言したように，第一次世界大戦後の勝利国は，将来戦争の再開へと導くような条件を，敗北した枢軸国に受け入れることを強いた。このことは，永遠に敗者の脅威を取り除くという勝利者の平和という目的と，そして何らかの形でその敗者が，事実上あるいは例によって再び復興するという弱点の両方を表している。勝者の力が弱まるにつれて，敗者の台頭がより現実味を帯びるのである。

　たしかに，第一次大戦と第二次大戦の終結後，ヨーロッパの諸帝国は国際的舞台から急速に姿を消していった。この二つの戦争は，世界中の植民地において帝国の資源を弱め，民族自決のローカルな要求を強化した。

　勝者の平和は，その帝国的あるいは戦略的利益に導かれることで，権力はヘゲモン（ほとんどの資源を管理する国家や帝国の意）によって行使することができるという主張に歴史的に依存してきた。しかし，戦争は遂行されるものの，また同時に，秩序を維持しようとする意図によって弱められる（おそらく，1890年代以降の大英帝国のように，植民地を「近代化」するための植民地主義的な「文明の使命」という考え方によって，オブラートにくるまれているが）。勝者の平和の正統性を受

け入れることに立ち戻った戦間期は，20世紀の歴史において，決定的な影響を
もたらすものであった。すなわち，二つの産業諸国家同士の世界戦争を通じて
というだけでなく，国際連盟や国際連合システムの形成という，二つの世界戦
争の後に続いて確立された平和の構造に，より影響を与えたのである。

　国際連盟，国際連合，NATOの設立は，この緊張を反映して作られたもの
だった。北大西洋条約機構（NATO）は――1949年北大西洋条約に基づいた軍
事同盟であるが――北アメリカとヨーロッパを横断した28の構成国家のための
新しい秩序を維持するためにデザインされた集団安全システムを具現化したも
のだった。さらに現在では，22の国がNATOの「平和のためのパートナーシッ
プ」に組み込まれている。NATOは政治的に冷戦の混乱に巻き込まれ，また
1990年代半ばのボスニアや，また1999年のコソヴォにおける旧ユーゴスラヴィ
アの崩壊の期間，人道的介入という新しい教義を実行に移しながら，軍事的な
介入を行った。NATOはまたニューヨークの9.11の残虐行為をすべての構成
国家に対する攻撃として理解した。そしてその後，NATOが主導した国際治
安支援部隊を通してアフガニスタンに関与するようになった。2011年，NATO
は1973年の国連安保理決議に続いて，リビア飛行禁止区域を強化した。勝者の
平和の追求が，戦争がもたらしたひどい破壊を見ていた世界中の市民の心に，
ある新しい積極的な平和の形態への願望と次第に取って替わられるにつれて，
勝者の平和は1990年以来，リベラルな平和の礎となった。

勝者の平和を越えて

　勝者の平和の現代の例として，1994年のルワンダのジェノサイドの事例が挙
げられる。現在の大統領であるポール・カガメは，彼の政府による人権侵害の
観点からは非難されているけれども，国家に侵入し，国家を平和な状態にする
新しい状況を強要することによって，ジェノサイドに終わりをもたらした。
1995年の旧ユーゴスラヴィアのボスニアヘルツェゴヴィナにおけるNATOの
空爆や，セルビア軍に対して行われた1999年のコソヴォやベルグラードにおけ
る空爆，そして，2000年代のアフガニスタンやイラクへの侵攻もまた現代の勝

者の平和を体現している。しかしながら，これらのケースのすべてで，これらの国々で実現可能なリベラルデモクラシーを創ろうとする基礎が提供された。

　勝者の平和の枠組みは多くの欠陥を有している。領土的・戦略的に過剰に拡大するという問題を克服できず，「言うことを聞かない」被支配者を支配できない。特に，覇権国家はしばしばそれらの支配に対するローカルな抵抗に動揺させられる。(1968年のプラハの春，1980年代の自国の政府に対するポーランドの連帯の抵抗，1989年のベルリンの壁の崩壊などの) ソ連の支配に対する多くの抵抗にも見られるように，それは国内でも起こりうるだろう。または独立運動期の20世紀初頭における大英帝国に対するインドの抵抗と同様に，あるいはアフガニスタンの進行する国家建設のミッションにおけるアメリカや他の諸外国の関係機関に対して行われる終わることのない攻撃のように，国家の外部においても起こりえるだろう。同じことは，1960年代や2000年代のベトナムやイラクにおけるアメリカの占領に対する抵抗や，パレスチナのイスラエル占領に対する抵抗の事例にも言えることである。

　覇権者や勝者がもたらす圧倒的な軍事力にもかかわらず，こうした抵抗はしばしば起こる。このことは，勝者の平和と，理論的・実践的・政治的なリアリズムの興味深い矛盾を意味している。つまり，この矛盾は，いかに軍事的・財政的・政治的，そして規範的な意味において，圧倒的な力であっても，自律，自決，そして積極的な形態の平和というローカルな願望を十分に満たすことはできないということから生じている。歴史の一つの教訓は，ローカルな同意や正当性はいかなる勝者の平和が維持されるためにも，洗練された形態に進化する上でも，最終的に必要であるということである。ここで，洗練された形態とは支配の強制的な特徴が弱まり始めるということである。皮肉にも，勝者の平和は，覇権国家が勝者の平和を持続する関心を失うか，抵抗が広まることによって崩壊する。

第 5 章　立憲主義的平和

　歴史を通じた勝者の平和の明らかな広がりにもかかわらず，多くの歴史的記録は広範な理解の上に立った平和の正当性をも指摘している。平和は，ただ単に軍事的な権力によって保たれ，実行されるというよりむしろ，法律，制度，権利，繁栄を通じて構成されているという考えは，勝者の平和の進歩形として，啓蒙期後やその過程で，ゆっくりと現れた。これはエリートや国家権力による過剰な暴力に対する部分的な反応であり，社会内から生み出される権利の要望を満足させるためのものでもあった。

　ポスト啓蒙期以後の時代は，戦争におけるいかなる勝利も許容するような平和よりも，平和の洗練された形態を達成する努力にとって共通の土台となった。秩序は序々に，紛争の中で勝者が一人存在するよりも安定する，利益やニーズや国民の諸権利のバランスをとるためにデザインされた国内政治的法的構造と国際的構造との両者を創り出すことに基づくようになっていた。この秩序は積極的平和に基づいていたため，国際的な秩序をより持続可能にする重要な利点を有していた。

　この国内政治の構造は立憲主義的平和と呼べるかもしれない。それは，プラトン，ペリクレス，アリストテレスによって「善き生」として議論されたものであったし，古代ギリシャにおいて哲人王の役割に対抗するデモクラシーの利点について議論されたものでもあった。良き政体とはどのような形態かというテーマは，北欧における啓蒙期を通じて再び浮上した。1648年のウェストファリア条約によって平和は国家がとるべき形態と関連しているということが自覚された。つまり，良き政体は平和的なものであるべきであり，一方で自国の民の利益になるだけでなく，他方で安定的な国際秩序のメンバーにとっても受け入れ可能なものであるべきだということである。

恒久平和とリベラルな憲法

　啓蒙主義思想が進展するにつれて，マキャヴェリ主義者の君主たちによって
駆使される戦争が，国際的な営みの自然な仕組みの一部であるとするホッブズ
主義者の見解は，取って代わられた。指導者，研究者，一般の人々は平和こそ
が政治的な生や政治的な制度にとって中心になるべきだということを主張し始
めるようになった。平和は熱望される単なる理想というよりも，達成されうる
ものであり，国民国家の文脈で追求されるべきであると考えられた。14世紀か
ら15世紀までのあいだに発展したルネッサンスのヒューマニズムは女性を含む
国家の中で市民としての生活を営むため，徳の高い振る舞いに従う市民権の必
要性を強調した。続いて現れたリベラリズムは，暴力や戦争が物事の自然法の
一部であるという考えに挑戦を加えた。もし戦争に，国家や指導者が十分に関
与しているのであれば，平和は人間の創意工夫によって生み出しうるかもしれ
ない。リベラルな視点や目的に伴う啓蒙されたアクターは戦争を抑制すること
ができる。

　もう一つの重要な流れは，「正戦」は最終手段であり，不正な侵略行為に対
する反撃として，合法的な権威によって遂行されるべきであるという歴史的な
議論である。これは二つの効果をもたらす。より平和を促進するような国家の
性質についての増大する関心と，もう一つは平和をつくり，維持するためにデ
ザインされた国際組織や制度への関心である。ヨーロッパにおいて，その時代
に恒常的に起こっていた宗教紛争は，領土国家の主権が他国家によっておかさ
れないという条項に沿った合意によって最終的に終わりがもたらされた。それ
が意味したものは，領土国家や国際的合意が，共通の価値，あるいは差異への
同意に基づいてつくられる平和のために必要だったということである。すなわ
ち，1648年にウェストファリア条約によってお墨付きを与えられたように，国
家間の勢力均衡の中で発展した平和の理解は，国際的な条約や同盟を通じて保
証されたのである。

　まもなく，ジョン・ロックが，法治国家は合意，正当性，ひいては民主主義

的平和を創り出すだろうと主張した。国家が市民の生命や自由，財産を守るために安全を提供し，中立的な判定者としてふるまう以上，社会契約が指導者と社会との間の同意に基づく代表制の関係をつなぐために求められた。

　自由貿易は立憲主義的な平和の重要な構成要素であった。アダム・スミスの『国富論』は，国際的な貿易は国家間や国内の協調，繁栄，平和の基礎であるべきだと主張した。

　カントは『恒久平和ために』という本の中で，彼の次なる平和の理解を，共和主義的，あるいは民主主義的政治秩序を反映した，公平な法の創造に基礎をおいた。これらの条件によって国家間の戦争もまた十分に防ぐことができるだろう。恒久平和は，社会正義の初期形態が国内で達成され，平和が国家間で実現するという条件から生まれる。この考え方はのちに，1945年の国連憲章の中で反映された。

　カントの『恒久平和のために』は，混乱の絶えなかったヨーロッパに平和をどのようにしてもたらすかを，最も包括的に主張したものだった。カントのこういった理論は今日，リベラルな民主主義的平和のテーゼとして知られるようになった。このテーゼは，民主主義を支持する議論の膨大な数の業績によって作られてきたものである。リベラルな民主主義的平和論の現代版においても，非民主主義国家同士は戦いを挑むかもしれないが，民主主義国家は互いに戦争に向かわないと宣言されている。カントは書いた。

　　宣戦布告が決定されるために，市民の同意が必要であるならば（大抵は必要なのだが），戦争のすべての苦難を市民に命ずるような，そんな不利なゲームを始めることが非常に警戒されることは，ごく自然なことだろう。国民にとって，戦うこと，国民自身の資源から戦争の費用をまかなうこと，苦しみつつ戦争が残した破壊を修復すること，悪の手段を封じ込めなければならないことは，国民に戦後の平和そのものを害し，将来の継続的な戦争の観点からこれを一掃することには決してならないような，国家的負債を負わせることになるだろう。

　このような平和や秩序についての思想の立憲主義的な流れの中で，イギリスの哲学者であり，社会改革者でもあったジェレミー・ベンサム（1748-1832）は，数多くの社会的争点についての思索を深めた。すなわち，福祉，経済的自由，

政教分離，表現の自由，女性の平等権，奴隷制度や死刑の廃止である。イギリスの経済学者デヴィッド・リカード（1772-1823）が，経済学的意味において確認したように，ベンサムは最大多数の最大幸福が平和を導くという，統治のための功利主義的洞察を提起した。過剰の人口が，持続不可能な発展，資源の枯渇，戦争を引き起こすと信じていたイギリスの経済学者であるトーマス・マルサス（1766-1834）からの批判にもかかわらず，自由貿易の議論は新しく出現する平和形態の本質的な支柱であり続けた。しかしそれは実際，20世紀初めまでのイギリスのリベラリズムと植民地主義との気色の悪い融合を通じて広められたのである。

リベラルな思想は，洞察以上のものへと結晶化しはじめた。例えば，イギリスの哲学者ジョン・スチュアート・ミル（1806-73）は，平和，個人的自由，そして私有財産と発展とを結びつけた。彼は，平和は個人の自由の保護と効果的な政府の存在との間に横たわっていると主張した。

恒久平和の限界

立憲主義的平和によれば，社会がその正当性を受け入れられるような合意のプロセスを通じて，平和は構成されるべきである。しかし，専制君主国家と国民の利益の間のバランスを見つけることは困難なことであった。国家は自らの国民の利益を最大化するように行動するというカントの想定（そこでは，国家は国民を目的としてよりもむしろ手段として扱うのだが）についての問題点は，国家やエリートたちが実際は逆に国民を搾取するということにある。平和への貢献と，ナショナリストあるいはエリートたちによる利益への追従の間の線が明確に引かれたのである。

ナショナリズムの出現は，自国の政府を決定する人々の権利として，ジョン・スチュアート・ミルによって明らかにされたものの帰結でもあった。このことは，国益や民族的アイデンティティを追求することが，必ずしも地域主義的あるいは国際的な平和や，普遍的規範と同等ではないということを意味する。第一次世界大戦や第二次世界大戦や冷戦終結以降，（例を挙げると，バルカ

ン諸国では) 特にオスマントルコやオーストリア・ハンガリー帝国，フランス
やイギリスや他のヨーロッパの帝国崩壊の過程において，100年あるいはそれ
以上の間に民族自決の原則が普及するにつれて，ナショナリズムとエスノナ
ショナリズムの両概念は，秩序ではなく，戦争の原因と関連するようになっ
た。ナショナリズムはすぐに，同じ領土を主張し合う集団間での戦争の種火と
なった。キプロス，スーダン，ボスニア・ヘルツェゴヴィナ，イスラエルとパ
レスチナや他の事例が提示するように，それは現代においても同じように続い
ている。

　たとえ，立憲主義的平和が世俗的と考えられているとしても，立憲主義的平
和のもう一つの流れは，キリスト教の企てとして特徴付けられてきた。ウエス
トファリア条約は，本質的にキリスト教倫理に基づき，コスモポリタリズムと
共同体主義思想との間でバランスを取るがゆえに，その平和の計画がヨーロッ
パを安定させるという目的をもっていた。

　それにもかかわらず，民主主義的あるいはリベラルな平和の議論は依然とし
て継続されているようである。最も重要な例外の一つは，2000年代初頭のアフ
ガニスタンやイラクにおける軍事介入の事例のように，合理的な理由から民主
主義国家が非民主主義国家に対して戦争を行ったということである。その民主
主義的平和は，国家はやがて民主主義へと進化するだろうと想定している。し
かしそれは稀なケースであり，多くの国家が戦争を続けて人権をおかしたの
で，立憲主義的平和が当てはまらないのだと分かった。人権や民主主義を促進
し，平和維持を目的とする国際組織がこの問題を解決するであろうということ
こそ，カントや同時代の他の偉大な思想家たちが望んだことだった。

　立憲主義的平和は，主権国家性によって地理的・時間的には制限された国家
や政府によるエリートレベルの公式の言説に焦点が当てられている。これらは
すべて国家にとってのリベラルな政府の枠組みを促進する試みによって制御さ
れてきたが，立憲主義的平和のプロジェクトは軍事力の行使によって支えされ
続けている。しかしながら，軍事力の行使は国際関係上の唯一の「法」であり
続けている。冷戦終結からずっと，立憲主義的平和はフランシス・フクヤマが
冷戦終結後に民主主義が拡がる可能性を祝したエッセイ，「歴史の終わり：歴

史の終点に立つ最後の人間」(1989) ではっきりと述べているように，民主主義，自由貿易，人権として定義されてきた。

　自由民主主義的な平和というテーマは，近年の国際的な平和の構造，多くの諸国家の憲法，国際法，ドナーたちの役割，国連，国際NGO，世界銀行のような国際的金融制度にしっかりと埋め込まれている。結局，(2013年のフリーダムハウスによると63％の) 世界中の政府の多くが今日リベラルで民主主義的な制度や憲法を有しており，もちろんこの制度には人権へのコミットメントも含まれている。今日，立憲主義的平和を促進する啓蒙主義的平和プロジェクトについて，EUが立憲主義的構造をかなりの程度負っているということは明らかである。

　(リベラリズムが埋め込まれていったという) この考え方は，国家が平和的であり続けるべきだとすれば，冷戦後，国家が平和的憲法を取り入れる際に，どんな構成要素を必要としたかということについての新しい知見を与えた。20世紀末，いくつかの国家は平和の追求においてさらに先へと進んだ。すなわち，ドイツ基本法によれば，ドイツは攻撃軍をもつことは許されなかった（第二次世界大戦後の占領下の遺物である）。また，日本も同様に少なくとも最近までは平和憲法を維持していると言われている。またコスタリカのような国々は軍事力を完全に廃止した。

　カントはかつて恒久平和はむしろ不愉快なものになると予想していたし，フクヤマも繰り返し同じようなことを警告していた。冷戦終結後，リベラルデモクラシーと自由貿易が唯一の実行可能な政治と平和の形態になるとしても，絶え間のない物質主義とそれに付随した天然資源の消費は究極的に不完全な勝利を導くか，環境の崩壊を導きかねない。実際には，立憲主義的平和の適用は，権力を分け与えたがらないアクターや，その国々の権威主義的行為を違法とする国内の法構造に異を唱えるアクターによってしばしば妨げられてきた。これらのことは1920年代や1930年代にヒトラーとムッソリーニが国際連盟を無視したとき，あるいは1990年代にサダム・フセインがクエートに侵攻するさなか，国連を無視したとき，また2000年代はじめに使用可能な大量破壊兵器計画の査察を阻止したときから，ずっと変わっていない。

第6章　制度的な平和

> もはや軍鼓が鳴り響かなくなり，軍旗が巻き上げられるその日まで，人は議会に戻り，世界は連邦へと向かう。
>
> アルフレッド・テニソン男爵『ロックスリーホール』(1837-38年)

　19世紀のイギリスの詩人アルフレッド・テニスン男爵は上記の引用にあるように，（デモクラシーについて暗黙の言及をすると同時に）国際協力と国際法の潜在的可能性を称賛した。彼は近代においてとても影響力のある平和の第三形態を指摘した。国家の中や国家間に存在する立憲主義的平和の強化を支援する国際制度や国際法の役割は，積極的平和を設立するという次なる段階を表している。立憲主義的平和が啓蒙期を通じて顕在化するにつれて，それと同時に制度的平和が発展し始めた。20世紀後半までには，国連，国際的ドナーたち，国際法，地域的アクターの領域，とりわけEUやアフリカ連合は広範囲に渡って積極的平和をつくることを目的としたよりダイナミックなアプローチに基づいて結束した。立憲主義的平和は国家間で平和を維持するための国際機構の発展と，自由民主主義との間の直接のつながりを発展させた。

　制度的な平和は特定の価値体系や多国間で同意した行動様式を通じて共有された法的文脈に国家をとどめておくことを目指している。これらの国家はまた「裏切りもの」国家の一部に対して監視し，望ましい行為を強要することも認めている。諸国国家による時代以前は，王や女王は同盟，平和条約，婚姻，受託，あるいは政治的関係の他の形態を通してこれを達成しようとした。アレクサンダー大王は彼の拡張した帝国を維持するために，これら多くの技術を利用した。それから2000年後ヨーロッパで出現する国家の指導者たちは，定期的な高い水準の外交会議を制度化し始めた。これらは戦争や平和の問題を討議するたびに開催され，勝者の平和がかつてもたらした暴力の悪循環から脱する方法として認識された。

　安定した国際秩序を築くために創設された一連の国際制度の出現は，自由民

主主義国家は互いに戦争に向かうことはないだろうという信念の発展を裏付けた。もし，国家が民主的憲法をもち，平和と自由貿易という共通の目的を共有していれば，彼らは国際的共同体の中に自らを組織化するだろう。国際的な平和の構造は国家が国際や国際法に同意または，従うことを通じて発展しはじめたのである。

国際制度の初期的展開

　制度的平和はキュニク学派のディオゲネス（紀元前約412-323年）にまで遡る，コスモポリタンな倫理の一部である。彼は自らをコスモポリタンだと宣言した。この考え方は，人々の多くの差異にもかかわらず，国際的協調が可能であると同様に，世界が規範を共有できるということ，そして最終的に世界政府が望ましいということを前提とした。この考え方は，啓蒙主義に結びつけられた平和計画と同時代の特徴を表わした。自然法に基づくグロチウス主義者の言説もまた，重要な貢献を果たした。自然法は共存と非介入とに基づき，国家は「正戦」の考え方に基づく自己防衛権をもっている。

　影響力をもつフランスの著述家であるサン・ピエール（1658-1743）は，彼の著書『永遠平和のための計画』（1713）の中で，平和維持における国際組織の責任について提言した。この本は，終わらないヨーロッパ戦争に直面して，カントや他の思想家たちがさらに内容を発展させた平和計画の公的な啓蒙主義的様式の始まりであった。サン・ピエールの平和計画は，法が正義や平等や互恵に基づく国家からなる連邦のためのヨーロッパ条約であった。サン・ピエールは，平和と安全のための恒久的調和を形成するべく，ヨーロッパにおけるキリスト教（あるいはイスラム）の主権国家に呼びかけた。この組織は，加盟国家の事情に介入することはないが，知性そして自己防衛能力を備え，平和維持のために軍隊を送ることもありうる。ウィリアム・ペンもまた，「正義による平和」を達成するために，ヨーロッパ議会の形成を求めた。

　ここでまた再び，カントは重要な貢献を果たした。カントが主張したのは，彼が議論した民主主義的・立憲主義的平和によって構想される法の支配が，国

際関係にまで拡張されるべきである，ということである。これは，世界政府確立の構想にまでは至らなかったが，代わりに諸国家からなる多国間システムを示唆した。

　　理性は，野蛮な法なき自由を放棄し，公的な強制的法に自らを適応させ，そしてすべての地上の国民をついには包含するような，かつてない諸民族からなる国家を形成することへと，国家を導いていくだろう。しかし，国際的な権利（Right）においてその考え方に基づくと，諸国民はそのような積極的合理的システムをもちえないであろう，そしてその結果，理論的には，事実上正しい物事を拒絶するだろう，それゆえ，この考え方は純粋な形態では実現可能性はない。したがって，（もしすべてが失われるべきでないとすれば，）普遍的共和国の積極的思想の代わりに，戦争を防ぎ，外部の統一体の中で存在し続け，そして常に世界中に拡大していく諸国家からなる連邦の消極的な代替物だけを，結果的にはもつべきである。

　これは，制度的平和が直面した論争的争点であった。すなわち，国家の多国間システムのままでいるか，世界政府へと向かっていくのかということである。カントは，世界政府が，ホッブズ的世界，あるいはもっと悪くすると，専制政治となることを恐れた。したがって，恒久平和の理想は国連憲章の中に反映されているが，カントが指摘したように，国際秩序は，せいぜい良くても自由な国家連邦に依拠する。この国家連邦は，国家間の戦争を廃止すべきであり，非市民を「歓待」すべきである。そしてこの連邦においては，国際貿易もまた，有益なものであるだろう。

　ウェストファリア条約は，しばしば国家システムが出現し始めた近代史における出発点としてみなされている。ウェストファリア条約は，国家間の平和を維持するための国際組織にも加勢した。1815年のウィーン会議では，国際的諸制度のシステムが実現し始めた様子が垣間見られた。ウェストファリア条約もウィーン会議も，過ぎ去った戦争とは対照的な世界に立つ平和を支援する枠組みの構築に寄与した。しかし，ウィーン会議は，他国の事情に介入する能力に依存するメッテルニヒやカッスルレーやタレーランといったリアリストの政治家たちの勢力均衡を作り出すという試みを反映したものだった。会議は，第一義的には大英帝国の「秩序創造」の手段であり，それゆえ，勝者の平和にとて

も近かった。これは，平和創造が権力保持とどれほど近いものであるかを物語っている。

　しかし，こういった展開は，戦争が風土病のようなものであり，不可避であるという考え方の拒絶を意味した。この時代における保守派の人々とリベラルな人々は，異なる見方で平和と戦争を見ていた。保守派の人々は，平和がおそらく戦争行使を通じた，そしてたしかに階級制度を通じた既存の秩序保存に基づいていると信じた。リベラルな人々は，戦争が望まない障害であるとし，平和は経済的・社会的進歩によりもたらされた変革を通じて達成されると信じた。ナショナリストたちは，必要ならば実力行使することによって，国家が民族自決のための権利をもっていると信じる第3のグループを形成した。

　19世紀のヨーロッパの平和は，伸張するナショナリズムと，不断の帝国主義的・植民地主義的紛争によって混乱した。北米・アジア・アフリカで戦われたこの戦いは，ナショナリズムを美化し，古い保守主義的秩序の富を保存し，さらには自由主義者にとっては，文明化の使命を果たすための帝国を実現するために行われた。産業化は，それまで戦争の規模をより大きくし，かつてなかった程に，はるかに破壊的なものとした。ほぼ同じ時期に軌を一にして，戦争を防止するための国際的共同体が形成された。

　多様な改革やダイナミズムが，国際平和の出現を促進した。軍縮や人権のキャンペーンは，国営の人道的キャンペーンもあったが，しばしば市民社会の内側からも実施された。例えば，1816年から1860年代までイギリスは，アフリカ西海岸での奴隷貿易をやめさせるべく，軍隊を配置した。奴隷に対するイギリスのアプローチの中で，この転換は，国際法が船への臨検を許容するという新しい解釈を与えた。おそらく初めて，人道的権利が権力者たちの利益を越えて優先された。そして，そのことは一連の国際的制度の出現にとって，その後決定的に重要なものとなった。

　もう一つの次元を提供したのは，1864年のジェノヴァ会議を指導し，今日国際人道法として知られるものを作り出した赤十字国際委員会（ICRC）を創出したアンリ・デュナンであった。赤十字国際委員会は，最も古い人道的組織であり，戦争法の後見人としての（国際条約を通じた）職務を担っている。

20世紀までのリベラルな国際主義は，平和を謳歌しているように見えた。主だった平和会議は，1899年と1907年にハーグで開かれ，このことは1922年の常設国際司法裁判所の偶発的な設立をも導いた。1910年のストックホルム平和会議（Universal Peace Congress）においては，国際法や民族自決や植民地主義の終焉のための必要性が検証された。1913年には，もう一つの軍縮会議が，アメリカの企業家アンドリュー・カーネギーの資金援助を受けたハーグ平和宮のオープニングを飾った。

第一次世界大戦後の制度的平和

　20世紀の二つの世界大戦以降，制度的平和の枠組みは最も洗練された装置を獲得した。第一次世界大戦後ののちに，ヴェルサイユ平和会議におけるアメリカ大統領のウィルソンの「14カ条」は，制度的，立憲的，両方の次元における近代平和概念の出現にとっての基礎となった。彼は，すべての国家において主権と領土的一体性を保障するための国際連盟の設立を呼びかけた。国際連盟は，新たに民主化されたものとして出現し，当時崩壊しつつあった多くの帝国を引き継ぐ諸国家が戦争を防止するための紛争管理の国際的なメカニズムとなるべきものであった。

　第一次世界大戦後の解決策は領土的調整が国民の利益に有益であるという原則，言いかえると民族自決の原則に導かれていた。ウィルソンはこれが勝者なき平和を表現していると信じていた。しかし，これはまた，勝者の平和の概念を想起させるより洗練された一国主義的なアメリカの宣言をも表象していた。ヴェルサイユ条約は，国家の枠組み内での民主化を強め，また国家間関係をも調整したことで，平和の立憲主義的枠組みと制度的枠組みを融合したのだった。ウィルソン大統領はカントの恒久平和を想起させる究極の世界平和を目指していた。それは「力の共同体」に依拠し，「組織的な共通平和」を表していた。またそれは「勝者のない平和」，すなわち「平等のものたちの中にある平和」であるべきだった。ウィルソンは1917年4月の初めに，アメリカ議会に「世界は民主主義のために安全でなければならない」と語った。おそらく最も重要

なのは，社会的正義の形態が当時は普遍的な平和にとって本質的であると見られていたということである。

　このように，ヴェルサイユ体制は勝者の平和として見なされ，このことが運命的な欠陥となった。このことはヴェルサイユ平和条約に対するジョン・メイヤード・ケインズの有名な批判が裏書きしたようなリスクそのものであった。それは特に，ドイツの侵略を責め，ドイツにその損害を補償させる戦争責任条項（231条）に対しての批判であった。同盟国が協定を打ち立てる際に，ドイツと同盟国に財政的な責任を負わせようとしたこのやり方は，このヴェルサイユ条約から生まれる結果からは安定的な平和が生まれないということを意味した。ドイツの民主主義は平和を構築しようというまさにそのただ中で麻痺した。ヴェルサイユ会議でイギリスの代表であったE・H・カーのような批評家は，この制度的平和がユートピア的で非現実的なものだと信じていた。

　戦間期秩序において，出現しつつあった平和の他の競合的タイプも存在した。一つのタイプは進歩の歴史的弁証法の概念と無階級社会に基づくものだった。もうひとつのタイプは帝国主義やナショナリズムに基づくものであった。ウィルソンの平和にとっての主要な障害は，いかなる国家もそれについての責任をとる準備はなく，また保証も提供しないということにあった。アメリカ下院はこの点において責任を負いたがらなかった。イギリスとフランスやドイツは依然として野心を隠しもっていた。また，帝国主義や植民地主義を正当化しようとする国会議員や政治家もいた。ソビエトロシアは自分の革命にかかりっきりだった。好戦的ナショナリズムも日本や他の地域で台頭しつつあった。そして，オスマン帝国やオーストリアハンガリー帝国の崩壊によって，多くの国々が争う主要な利権が放置されたままであった。ヴェルサイユで作られた平和は実際には非常に欠点のあるものだった。革命的なイデオロギーが広範に信じられるようになったまさにそのときに，社会的，経済的な危機が創り出された1920年代後半の恐慌によって，さらにそれは脆弱なものとなった。

第二次世界大戦後の平和の国際的構造

　制度的平和を創造する次なる試みは，それ以前の時代に試みられ，あるいは
すぐに忘れられてしまった教訓のいくつかを踏まえていた。第二次世界大戦が
始まる前にもその試みの初期の徴候がみられた。戦争の後に続くべき新しい平
和は，主としてアメリカの同意に基づいて展開された。ルーズベルト大統領の
下で，最も長く軍務につき，アメリカ国務長官だったコーデル・ハル（1871-
1955）は，国際連合を設立した彼の功績により1945年ノーベル平和賞を受賞し
たが，彼は経済的ナショナリズムに対抗する国際貿易を開始するために，1934
年に互恵貿易条約を施行した。これは，イギリスのウィンストン・チャーチル
首相やアメリカのルーズベルト大統領によって調印された1941年の大西洋憲章
にも反映された。この彼の努力は，協力，自由貿易，民族自決，脱植民地化，
そして好戦的な国家の軍縮といった，国際主義者の試みに他ならなかった。

　この新しい平和の解決策は，国連憲章や，台頭しつつあったアメリカとソ連
との間の冷戦，そしてアメリカ，西洋産業諸国家，日本との間の，安全保障・
政治・経済の調整といった，こわれやすい枠組みに基づいていた。またこの新
しいシステムは，軍事的解決や制度的枠組みをも含んでいた。またこれは，正
義と永続的平和の基礎に関する研究のアメリカ委員会（the US Commission to
Study the Basis of a Just and Durable）やアメリカ外交問題評議会（the Council for
Foreign Affairs），イギリスのチャタム・ハウスなども含む，公的私的アプロー
チと組織の混合によって発展させられた。

　第二次世界大戦後の積極的で自由主義的な平和の枠組みを提供した，ウィル
ソン主義の中で出現した，この「理想主義的」平和は，軍事的安全保障，法的
保障，政治的コンセンサス，人道主義的資源，そして発展や投資を提供するべ
く，常に機能する組織や制度の中で，今や確実に制度化を果たした。今や所与
の存在となった国際連合システムは，頭文字の略語（UN）を通じて，今や平和
の構造そのものとなった。このシステムが公式化されたのは，1944年のダン
バートン・オークス会議と，1945年のサン・フランシスコ講和会議であった。

平和は，国家間戦争の拒絶，人道主義的措置，発展，金融規制や調整，そして人権の規定を生み出すようになった。安全保障理事会は国連のシステムの中でも重要な安全保障組織であったが，国連の専門機関，基金，計画は，それよりもさらに広い平和の視点を提供した。つまり，世界保健機構，国際労働機関，食糧農業機関，国連開発計画，世界食糧計画，国連国際児童緊急基金，またはその他の機関が，市民や一般人の社会的正義に基づいた平和をつくりだすために設立され，またそれらはいずれも機能的な組織だったのである。国連システムは単に勝者の平和やその政治的リアリズムを緩和するというリベラルな試みから発展しただけでなく，物質的・イデオロギー次元の社会正義のために社会の中に作られてきた正当性をめぐる問題に応答するものとして進化した。

　「グローバルガバナンス」という概念が地球を横断したリベラルな平和を制度化する具体的なアプローチとして登場してきたのは，まさに思想，概念，行為者のネットワークの広がり，ローカル，国家，国際のすべてにおいてどのように平和を維持するのかについての論争に関わることからであった。おそらくこの期間の平和に関する最も有名な宣言は，1920年代アメリカ上院がウィルソンの平和を拒否したことが誤っていたこと，そして民主主義国家，開かれた市場，そして国際協調のリベラルな国際秩序の建設からは，今ではもう引き返せないのだというルーズベルトの信念だった。この秩序のおいては，公式の帝国主義や植民地主義の余地はなくなった。

　1945年のニュルンベルクでナチスによる戦争の罪人を裁くために，同盟国によって設置された国際軍事裁判所は，平和の国際的構造のもうひとつの重要な要素を提供した。その法廷は三つの主要な裁判権（法域）をもっていた。その一つが「平和への罪」だった。しかしながらそれよりも人道への罪と戦争犯罪が，当時の法域では最も世間に認められたものだった。同盟国は計画の遂行，準備，または攻撃的な戦争に着手することに伴うような「平和への罪」を定義した。このことは，すぐに，人道への罪に対する，法的発展の新しい波を導いた。

　新しい平和のシステムは安全保障と経済的再配分の両者によってより強化された。NATOは，集団的安全保障の枠組みによって戦後のシステムを持続させることを確実にすることで，主として象徴的な意味だけだったかもしれない

が，重要な軍事的役割を果たした。（ソ連の軍事力に対抗する能力はいくぶんか疑問があったが）トルコやギリシャで共産主義を封じ込めるためにつくられたトルーマンドクトリンは，武装化したマイノリティや外圧によって試みられた服従に抵抗している人々の解放を支援するため，アメリカの大統領のハリー・トルーマンが1947年に始めた試みであった。アメリカの国務長官ジョージ・マーシャルにちなんで名づけられた巨大なアメリカのプログラムであるマーシャルプラン（1948-52）は，ヨーロッパを再建し，共産主義が広まるのを防ぐことを目的としていた。

　しかし，この新しい平和の（対共産主義という）後者の側面は，決定的に性質が異なっていた。リベラルな平和の形態を意味するようにみえた諸国家の社会が出現したが，それは1947年のトルーマンドクトリンの一部として生まれた「封じ込め政策」に基づくものであり，より伝統的で，制限された平和の消極的な概念に世界の多くの部分が服していることを示していた。それらは，一つは西側の政策を通じて，二つはソ連の体制に対する順応を通じて，実際にはリベラルな平和から効果的に孤立させられることになった。

　エレノア・ルーズベルトによって進められた1947年の人権宣言は，急速に，新しい考えや平和政策のための礎となった。人権の言説は特にリベラルな伝統の中で，個人は生まれながらに権利をもっているという視点を推し進めたミルやロックのような西洋の思想家の著作に根ざしていた。多くの著作の中で，平和は人権がなければ存在しないという，暗に，人権と平和が同等のものとして扱われている。これは国連が，広く同意された一連の基準に土台を築くことを可能にした。その基準は，第二次世界大戦後に生まれたより洗練された平和の形態への熱望をそれ以降下支えするものとなり，1966年の「経済的，社会的および文化的権利に関する国際規約」によってさらに改良された。この規約には，不平等や構造的暴力を終わらせ，社会正義を実現することができるなら，国際的なシステムはラディカルな再構築が望ましいと主張してきたポスト植民地主義の研究者や政治的左派による平和や発展についてのより批判的な思想の影響もうかがえる。

　平和のための国際的な枠組みを強固にした，より洗練された積極的平和の形

態に対するこの時代のもう一つの貢献は，ジュネーブ会議に由来するものである。これらは，国際赤十字を設立し，戦時中の人道主義，負傷者や囚人の治療，文民の保護についての国際法の基準を確立した1864年の条約をさらに拡張した。

　実際，これまで国際法は安定した国際秩序を提供する国家間の拘束力のあるルールとしての国際的な平和の枠組みにとって不可欠であった。1945年の国連憲章によって設立された国際司法裁判所，1950年のヨーロッパ評議会のヨーロッパ会議に基づいたヨーロッパ人権裁判所，2002年のローマ協定によってつくられた国際刑事裁判所が，制度的な平和の枠組みが進化した結果である。国際的，あるいは国内のレベルにおける同意に基づいたガバナンスの枠組みの発展は今日，数々の重要な平和や正義への規範，法律，制度を生み出している。行動の直接的な方向性について同意しなければならないため，進展が遅く，複雑で，時には法的拘束力もないが，制度的な平和という意味では，戦争の遂行，国際人道法，国際人権法についての法律の実体は，特に重要であり続けてきた。

　平和のための地域的な構造は，出現する国際的構造にとってもまた決定的に重要であり続けた。EUは主要なヨーロッパの国家間の関係を仲裁し，ナショナリズムを遠ざけ，資源をプールし，共通の目的をつくるための戦後の試みから生まれた。それはのちに，貿易，法律，外交，外交政策を調和させた。1952年のECSC石炭鉄鋼共同体は，1952年のヨーロッパ条約を批准することで，ヨーロッパ連合への最初のステップとしてつくられた。そして，それは，ヨーロッパ経済共同体と消費者組合をも生み出した。現在のEUは平和や秩序を維持する，これまで最も大きく，最も成功した地域的な試みを達成したがゆえに，今では，28の国を含むところまで拡大している。EUは，地域的な紛争解決や紛争転換の洗練された成功例である。

　同様に，ほかの地域的な組織のネットワークが世界中で現れている。その中でも特筆すべきはアフリカ同盟だろう。それは，アジスアベバを拠点とし，1963年に設立されたアフリカ統一機構の後継として，54のアフリカの国々を含んで，2001年につくられた。それは安全保障，民主主義，人権，発展を支えることと同様に，アフリカの国々や人々の連帯を促進し，政治的・社会的・経済的統合と協力を助けることを目的としている。

第7章　市民的平和

　平和の理解の進化における，次なる（そしておそらく最も重要な）潮流は，市民的平和である。このアプローチによれば，社会の中のすべての個人は，軍縮や国際協力であろうと，暴力や差別や抑圧に対するものであろうと，様々な異なる視点から平和をつくりだす能力をもっている。そのことは，基本的な人権や価値の達成や防衛において，政治的・経済的・アイデンティティ上の理由から生まれる社会的直接行動，そして市民的アドボカシーや動員といった歴史的現象と関連している。それはまた，市民活動が原則として非暴力的であるような，その主たる形態である平和主義とも関連している。それは広い範囲の社会的ダイナミズムによって，強く影響を受けてきた。市民的平和と動員の社会形態なしでは，国際的で立憲主義的な形態が，利益・アイデンティティ・ニーズ，そして情熱を表現する一般市民と結びつけられることはなかっただろう。

　この市民的平和は，しばしば地方組織や地方のキャンペーンから生じるが，普通は市民的平和は国家を超えて世界中で展開する他の同様のキャンペーンとつながっている。市民社会は，地方組織や地方コミュニティとして発達するが，政治的行為主体は社会正義の様々なダイナミズムや必要性をめぐって連帯する。市民的平和はしばしば，国家システムや社会それ自体のヒエラルヒーに埋め込まれた，構造的・直接的暴力（すなわち言い換えると消極的平和）への直接的で開かれた挑戦を体現している。19世紀終わりから20世紀初頭が決定的だったのは，市民的平和がこの時代に，奴隷制に対して，あるいは投票権や福祉，軍縮，そして婦人の普通参政権のための市民的活動が国家の性質，そして誰が代表されたのか，あるいは誰が政治的正当性をコントロールしているのかということに対して非常に重大な影響を与えたからである。

市民社会と平和——行為主体と動員

　社会とアドボカシーの運動は，19世紀から20世紀の間に大規模に現われ始めた。そこには，世俗的もしくは，宗教的な方向性を含んだ二つの明確な道筋を確認することができる。それらは，徴兵制に反対する運動や，戦争に反対するイデオロギー的・フェミニスト的運動，そして従来の軍縮や，核軍縮運動，環境保護運動と関連しており，リベラルな国際主義の非宗教的な出現に由来している。多くの抵抗運動は，それらが権威主義や植民地支配への抵抗であろうとなかろうと，平和運動として自らを位置づけてきた。

　共和主義やリベラリズムに基づき，リーダーシップにおけるヨーロッパの貴族主義的形態を拒絶した1774年からのアメリカ革命の重要性，そして平等・市民権・民主主義・世俗主義・基本的人権の同様の原理のための大衆動員によって，君主制が取って代わられた1789年からのフランス革命の重要性を思い起こすこともまた重要である。これらの革命は，個人の自由と代議制を手に入れるため，王位の継承や植民地主義から離れ，人々に権力を委ねようと努めた。その結果，個人の政治的役割の可能性という自覚，そしてしばしば非暴力的なやり方でなされる大衆動員の可能性という経験を経て，非国家行為体が重要な政治的役割を獲得し始めた。このことは単にさらなる権利を求めての運動によるものだけでなく，特に人権や様々な形態の差別，そして人道的援助などの文脈における紛争へと対応したことによるものであった。

　19世紀を通してこの勢いが増したが，それは国際赤十字委員会の創設，運動由来の様々な社会正義の動員，1807年のイギリス議会による奴隷貿易の廃止，(最初に1718年スウェーデンで始まったのだが) 婦人選挙権のための運動とその導入の高まりを通じてである。非国家行為体によって組織された他の多くの活動は，政治・社会そして経済改革を目指していた。平和運動はしばしば，様々な長年続いてきた平和的教会，特に16世紀までさかのぼることができるクエーカーや，メノナイトの運動と連関している。彼らは，非暴力的抵抗，良心的兵役拒否者の行動，市民的不服従，特に20世紀のアナーキズムの様々な形態に至

るまでの公的な議論によって，重要な貢献を果たした。これらのダイナミズム
は，市民的平和が達成される手段について議論が進化するための重要な要素を
形成した。

　国際人道法が次第に国家の戦争観に影響を与えるにつれて，このことが国際
システムの中における平和のより包括的な言説を強化した。20世紀にはすで
に，組織化された様式において，諸個人がエリートや指導者や役人たちに平和
のためのロビーを開始していた。このような動員が背景となって，1899年と
1907年のハーグ平和会議や，国際司法裁判所や，1910年と1913年のストックホ
ルム平和会議などがすべて，国際法と民族自決と植民地主義の終焉の必要性を
提起した。非国家行為主体は，国際労働機関の設立当初から直接それに関わっ
ていた。彼らは，1899年や1907年のハーグ会議では排除されていたが，彼らが
まさに排除されていたということもまた，彼らの重要性を明らかにするもので
あった。後に国際連盟もまた，非国家行為主体に正式な協議的地位を与えた。
このような展開が示しているのは，市民社会が直接関与するときのみ，平和が
構築されうるという気づきが存在したということである。

　そのような組織は急速に激増し始めていた。すなわち，国際救済委員会
(IRC) は第二次世界大戦中，ヨーロッパからのユダヤ人たちを救済し始めてい
たが，のちに，ハンガリー革命の失敗の後に生まれたハンガリー難民や，1959
年にキューバでフィデル・カストロが権力を握った後に生まれたキューバ難民
の救出に関与するようにもなった。カトリック救済サービスや，ワールド・ビ
ジョン，オックスファム (OXFAM) を含む組織がこれに続いた。

　そのような努力は，平和の積極的形態を国際的かつ学問的な思想の最先端と
した。平和が正しく，より持続可能なものであるするならば，国家にとってあ
るいは国家間の条約や軍縮にとどまらず，個人や共同体にとっての社会正義が
必要であるという認識が芽生え始めていた。これらは，平和を阻害してきた権
力の，より脆弱な形態を暴露する先駆けであった。これらの権力形態は，覇権
の，あるいはエリートの利益に対して，そして，国家や社会を超えた市場に対
して，有利になるような条件を含んでいた。この新しい認識は，権力が行使さ
れる方法や，国家や国際共同体の性質，そして来たるべき平和の形態に影響を

与えた。

　市民社会にとって積極的平和のこういった考え方は，国際システム上でも衝撃を与えた。例えば，冷戦中，非同盟運動が，政治と発展のためのオルタナティヴな道を提案しようと試みたが，この見解は静かに影響を及ぼし，その運動の結果は，今や国連加盟国の三分の二近くに及んでいる。

高まるNGOの役割

　非政府組織（NGO）は，1945年のサンフランシスコでの国連憲章に人権が含まれるべきであるという必要性に光を当てる上で重要な役割を果たし，世界人権宣言の草稿に貢献した。NGOは，1979年の女性差別撤廃条約から1989年の児童権利条約までの問題に関する国連の別の条約や会議にも政策提言をし，またそれを起草する上で非常に重要であった。国際連合人権高等弁務官事務所における地位の創出のみならず，NGOは，他の多くの人権関連の国連ワーキンググループにおいて，重要な役割を担ってきた。

　国際人道法は，NGOが機能する上での法的文脈を提供する。現代的な人道主義の初期の主要な事例の一つは，ナイジェリア内戦を引き起こしたイボ族の人々がナイジェリアから脱退しようと試みた1968年のビアフラ危機だった。この危機の間，イボ族がナイジェリアの主権に挑んだにもかかわらず，国際的非難を気にかけることなく，人道主義的支援のNGOは結集した。これは，1970年代のバングラデシュやエチオピアやカンボジアでの様々な危機の際にも，幾度も繰り返された。市民社会とNGOは，人権や民主主義や戦争犠牲者の緊急人道的支援の提言のために，世界中で結集し始めた。

　この文脈から発展したのは，一つには行為主体の力強い実体化であり，そして，ウェストファリア的主権の絶対性を突き崩し，個人は安全・基本的ニーズ・自立性そして自らのアイデンティティに至るまでの正当な諸権利をもっているという見方を強化する規範や権利についての言説の発展であった。国際組織やNGOは，もし国家が市民を守ることができなかったり，それを躊躇したりするということが判明した場合は，介入する義務を負うことになった。

今日では，地球上に数えきれないほどのNGO，また特にさらに多くの，紛争後や開発後の文脈において活動しているローカルなNGOが存在する。平和構築や人権の分野で最も親しみのある国際NGOは，国際危機グループや，インターナショナル・アラート，アムネスティ・インターナショナル，ヒューマン・ライツ・ウォッチなどである。例えば，アムネスティ・インターナショナルは，巨大な国際人権運動の一部から生まれ，1961年に設立された。1975年のヘルシンキ最終文書は，当時の市民社会の運動やNGO，そして人権への支持の高まりを反映していた。

　多くのNGOは，1990年代に平和構築，人道主義，人権監視，そして政策提言の広範な統合の必要性に応える形で形成された。これらのNGOは紛争後の地域において，急成長する市民社会をサポートした。そしてこのことが，社会契約やリベラルな平和の基礎を形成した。その背景の一端には，人道的な理由で他の国の事情に国家が介入してよいということを意味する人道的介入が出現したという，人権をめぐる市民社会の積極主義があった。

　多くのNGOの中でも，赤十字国際委員会（ICRC）や，国境なき医師団（MSF）や，国際危機グループのような組織は，市民社会や発展や援助という，他の側面でも重要な役割を果たした。NGOは今や，国連システムの一部とみなされており，また，経済的・社会的問題を扱う国連経済社会理事会においては，国連のプラットホームの中で協議的地位を有し，人道主義的言説において必須の部分となっている。国連憲章71章下では，経済社会理事会は，難民や環境や開発に関する事項に加え，経済的・社会的問題についてもNGOとの協議が推奨されている。これは特に，人間の安全保障や「グローバル市民社会」の出現についての議論という文脈で重要である。すなわち，国家が失敗した所の平和と安全を支援するという，世界を横断した社会の連帯の存在である。

　しかし，人道的支援は矛盾した影響を与えてしまうことがあるかもしれない。国連パレスチナ難民救済事業機関（UNRWA）は，1948年と1967年の中東戦争後，500万人以上のパレスチナ難民に救済と発展を提供するために1949年に創設され，パレスチナ難民援助において重要な役割を果たした。しかし，戦後の現状維持を助けることでイスラエルの占領を援護してきた，という厳しい議

論も存在する。

　冷戦終結以降，キプロスやスリランカやイスラエル・パレスチナや北アイル
ランドのようなところで，市民社会の行為主体や力が，国際ドナーによってし
ばしば支援を受けた結果として，様々な形態の紛争解決や，市民外交，イン
フォーマルな仲介の形態が出現した。その結果，政策においても実践において
も，平和への理解は，平和をめぐる日常的な問題の次元を包含し始めた。これ
が意味するのは，国家レベルで停戦や平和条約を実現するのでは十分ではな
く，社会は日々の生活の営みの安全をも保障しなければならないということで
ある。NGOは，これらの過程，特に紛争解決能力の提供や，いまにも起こり
そうな紛争の早期警告，そして民主化と新興の平和に不可欠になる法の支配に
必要な制度の構成において，重要な行為主体となった。

　例えば，コンシリエイション・リソーシーズや，インターナショナルアラート
といったロンドンに基盤を置いた二つの組織は，人権の否定が紛争をもたら
し，NGOが紛争のローカルな解決を支援するという前提に立っている。（アメ
リカ合衆国の）ジョージア州アトランタに基盤を置いたカーターセンターもま
た，民主化や人権や紛争解決に関わる問題に取り組んでいる。ブリュッセルに
拠点を置く国際危機グループのような組織は，世界中の紛争についてレポート
し，政策提言をし，注意を促そうとしている。このような組織は通常，国際的
ドナーの資金に依拠し，世界中の紛争地域，あるいは紛争後の地域における
ローカルなNGOや現地政府や他の行為主体と並んで，国際連合とも密接に協
力する。

　さらに，ユネスコ（国際連合教育科学文化機関）のような組織は，市民の平和の
ために，国際的な平和制度とつながろうと努力している。ユネスコは，教育か
らジェンダーや子どもの権利までに至る発展途上の平和の文化の領域で活動し
てきた。国際組織に対して，市民社会やNGOが結びつこうとするこの試みは，
すべてのレベルで平和文化を支えることを目指している。

　冷戦の終焉時には，一連の国連総会決議が，認可された代理機関へのアクセ
スや，救援経路の確立，そして，（主権の支配を制限することになるけれども）人道
的介入を調整するための国際連合人道問題調整事務所の確立のために，緊急事

態や自然災害での犠牲者たちへの人道支援を要請した。さらに，北イラクにおけるクルド人の人道危機の際，1991年の4月5日に採択された国連安全保障理事会決議688は，多数のNGOを巻き込んだ人道的介入を促進した。ボスニアでは，1992年8月13日に採択された安保理決議771が，何にも妨げられないアクセスを人道的機関に求めたが，そのことが戦争における両陣営の間の論争の的となった。しかし，1990年代初頭に，旧ユーゴスラヴィアが崩壊する過程で，国際社会は戦争が依然として続いている間は，人道支援を要請するのは非常に難しいということを発見した。同様に，1991年の国家崩壊後のソマリアでは，国連が市民社会を強化するための条件を創出し，人道救援の実行を提案することにおいて支持を受けた。国連事務総長の特別代表は，ローカルな集団を平和プロセスに巻き込むために，このことを促進するためのNGOを導入しようと試みた。市民社会のための地道で本質的な支援の同様のパターンは，その成功の程度は様々であるが，1990年代を通じた他の多くの事例，中でも，ハイチやルワンダやリベリアにおいても試行された。

市民的平和が意味するもの

　市民的平和は，世界状況に重要なインパクトを与えてきた。それは，より積極的な平和の形態が作られうるということであり，そしてまた，それぞれの社会が平和のそれぞれ異なる願望や理解をもっているだろうということを意味してきた。このことは，権利や国連の重要な会議の発展に拍車をかけた。これらには他に，1948年の人権宣言や，1948年の集団殺人罪の防止及び処罰に関する条約や，1952年の婦人の参政権に関する条約，1960年の植民地独立付与宣言，1966年の経済的・社会的・文化的権利に関する国際規約，1984年の平和に対する人びとの権利宣言，そして2000年の先住民族の権利に関する国際連合宣言のようなものも含まれた。そこでは多くの会議が開かれ，制度や国家が市民の利益に基づいて機能するような，より積極的な平和の形態を作り出すことを目的としていた。これらの会議は，ハイブリッドな平和の形態についても示唆を与えている。

2000年に開催されたミレニアム総会とミレニアム開発目標は，この論理に基づいていた。国連は，2015年までに設定した目標の達成に焦点を置くことに賛同した。その目標とは，極度の貧困の根絶や，普遍的な初等教育の達成や，ジェンダーの平等や女性の権利の促進，幼児の死亡率と母体の健康の改善，HIV／エイズ・マラリアなど他の疾患との戦い，そして環境における持続可能性と発展のためのグローバルパートナーシップの確立である。

　今までのところ，設定した目標は一つも達成には至っていないが，多くの進展が見られた。

　他の多くの非政府的で影響力のある国際キャンペーンも，世界中の多くの人々の進歩を目的としてきた。ローカルな所有権のニーズに敏感であり，ローカルあるいは地域の役所や政府を害さないように気を配ることによって，国際制度と結びついたそのような市民キャンペーンが，依存が作られることを避けることの重要性に光を当ててきた。これら市民的平和の訴えは，今ではしばしば様々な国際機関の職務に書き込まれている「危害を加えるなかれ」という箴言を固く守っている。

　そのようなダイナミズムが意味することは，市民社会の行為主体がしばしば「規範の起業家」として描かれるということだ。このようなダイナミズムは国際関係の領域のみならず，社会のミクロレベルにおける関与の，民主主義・人権・発展の諸形態に特権を与えている。そのダイナミズムは，市民社会的組織間のグローバルでトランスナショナルな市民社会ネットワークという文脈の中で，ローカルな共同体の同意と正統性に基づく，ローカルな草の根の平和に貢献する。オックスファムやアムネスティ・インターナショナルやグリーンピース，そして，発展や人権のような問題に関わる他の集団の働きは，この市民的平和に貢献している。

　反対に，NGOや非国家行為主体が大国利益の隠れ蓑となっていると主張する識者もいる。というのも，これらNGOは国家的資金に依存し，それゆえ，特に外交政策や貿易，そして石油のような一次資源の入手といった事柄における国家利益を支援するからである。ドナーとなる国家や行為主体や国際金融機関は，概してNGOを下請けに利用する。それはまさに，これらの資金提供者

が市民社会に接近し，そしてその中で正当性を得られるからであり，また，人道的・社会的・教育的職務や，紛争解決や開発という職務が，国家の再構築において重要な役割を果たすからである。しかし，しばしば市民社会の組織は，ナショナリズムやセクト主義のアイデンティティや繋がり，あるいは，社会の中の他の社会経済集団に対する不平等で搾取的関係に従事するような平和とは対極的な考え方や集団を体現する場合がある。

　市民的平和や市民社会における行為主体の発展は，国家がしばしば封建的で権威主義的であることから，より民主的で多様な市民の諸権利を守り，そして市民間のわずかばかりの平等のために尽力することに至るまで，国家の性質を変化させることに寄与した。前世紀あるいはそれ以前，市民的・国際的圧力に服する多くの国々では，最終的に，自らの市民を犠牲とした利己的な行動，あるいは領土拡大のようなものに焦点を当てることから，福祉や法の中での平等の確立を提供することへと焦点を変化させた。これは，市民と国家の間のリベラルな社会契約の古い考えに基づいているだけでなく，国際レベルで変化と改革のためのキャンペーンを行う市民の能力をも示している。

　リベラルな平和への貢献の必要性をつくり出したがゆえに，これらの発展は20世紀後半からの平和を再び思い描くことを可能にした。そのことは，（おもに北側の国々の）主要なドナー国家，国連のような国際組織，UNDP（国連開発計画）やUNHCR（国連難民高等弁務官事務所），世界銀行のような国連機関と，どれだけ密接に連携できるのかにかかっている。（たとえもし，とめどない資本主義が同時に市民社会をつきくずしているという批判があったとしても，）世界銀行，アジア開発銀行，世界貿易機関，その他の様々な機関が今日，市民社会と国家の関係を促進している。しかし全体的に，これらの動きは市民的な平和がボトムアップで，社会の中から発展することをさらに可能にしてきたのである。

　近年の人間の安全保障のアプローチはこの論理に従っている。それらは公正で持続可能な紛争の解決，人間の安全保障を含む安全保障の議論の再構築，国内外の非国家主体の関与も含んでいる。この概念は，主要な政策サークルや，市民社会，NGO，国際組織，伸長しつつあるドナーを結びつけるグローバルな市民社会の相互に関連した空間の中で，ひろく受け入れられてきた。

第 **8** 章　平和維持，平和構築，国家建設

平和構築にむかって

リベラルな平和が近代の国際関係と融合したために，リベラルな平和システムと国際的な構造，国家の構造，市民の構造を統合するためにデザインされた平和をつくるための異なる四つのアプローチの潮流が現れた。これらは今では歴史上最も積極的で洗練された平和の形態としてひろく受け入れられている。20世紀後半までには，これらは紛争を管理し，解決し，あるいは転換するためにデザインされた一定の機能範囲を生み出していた。

(a)　1956年にスエズ動乱の間につくられた，1950年以降の第一世代のアプローチは，消極的平和を目指していた。そこでは，しばしば国連を通じての中立的な武力介入が停戦をもたらした。

(b)　第二世代のアプローチは，1960年後期から始まり，社会的和解と積極的平和に焦点を当てた。

(c)　1990年からの，第三世代のアプローチは，開発，平和維持，平和構築，国家建設，民主主義，法の支配の確立，人権の順守，市民社会，資本主義を通じたリベラルな平和の構築に焦点を当てた。アフガニスタンに見られたように2000年代初期に生じた国家建設のネオリベラルな亜種は，消極的平和に満足しているようにも見えたが，このアプローチは，積極的な平和の形態をも提供した。

(d)　現在も展開している第四世代のアプローチは，リベラルな平和と，ローカルで社会的文脈を重視した平和の伝統の認識とを結びつけるものである。これは，ローカルな正統性と解放の目標，そしてリベラルな平和のシステムが融合する積極的な平和のハイブリットな形態をつくりだすかもし

れない。このアプローチは，日々の文脈における社会正義を目的とし，加えて国連システムのような国際的な構造にも根ざしている批判的な伝統に従う。

第二次世界大戦後の紛争管理

勝者の平和の基礎にある考え方は，国際政治において近代の紛争管理のアプローチに寄与してきた。そしてそれはただ消極的平和を維持することを目的としたにすぎなかった。このことは，国際紛争を管理し，国際的なシステムを安定化させる第一世代の試みを意味した。紛争管理のアプローチは第二次世界大戦後に発展した。このアプローチでも，国家の連合による武力の行使がしばしば見られた。しかし，より多く見られたのは，国連の平和維持，（熟練した国会議員や，女性代議士たち，国連の事務総長のような国際官僚たちが関与するような）ハイレベルの外交，国際的な調停の活用であった。このようなプロセスは，消極的な平和が紛争における勝者と敗者の不安定な関係性からなるゼロサム的な結果をつくりだした。

この結果，国連憲章にはこう書いてある。

　すべての加盟国は，国際的な平和や安全保障，正義が危険にさらされないように，平和的な手段によって国際紛争を解決しなければならない。
　いかなる紛争でも，その継続が国際的な平和や安全保障の維持を危険にさらすものであれば，まず第一に，交渉，審査，仲介，調停，仲裁裁判，法的解決，地域的機関あるいは組織，その他自らが選ぶ平和的な手段による解決を求めなければならない。

これらの拘束力のある声明は，国際安全保障の維持を目的としている紛争管理のあらゆる現代的な概念の中でも中心的なものである。しかしながら，こういった類の安全保障は，非国家主体や非国家中心的なものを省いた，限界づけられた国家中心的な紛争の問題において思い描かれたものだった。冷戦期間中のほとんどのこの消極的平和は，紛争管理のアプローチを通じて，国家の領土的な統合性を保存することに関与したが，市民の人権は二次的な重要性しかな

かった。

　停戦合意にこぎつけ，国外の軍隊を撤退させ，法と秩序を確立し，外交的には包括的な平和協定を実現することが，紛争解決アプローチの主要な諸要素であった。これらが目指したのは，いかなる明示的な暴力も存在しないような，基本的で最小限の秩序を支援することであった。まさにこの目的を達成するために，仲裁や平和維持に関わる第三者は，いずれも中立公平でなければならなかったし，あるいは場合によっては，彼らの権力や利益に準じて行動しなければならなかった。外交行為としての国際的な仲裁は，一人の指導者や国連によって導かれる，領土や同盟，立憲主義的な同意，あるいは境界をめぐる国家間の相互行為を必要とした。（ジョンズホプキンス大学政治学教授の）ウィリアム・ザートマンによれば，仲裁がより洗練されるにつれ，（紛争当事者が，戦場で勝つことも，戦闘をあきらめることもできなくなるような苦しい状況に陥る）「苦痛に満ちた手詰まり（hurting stalemates）」，あるいは（紛争解決のための新しい機会が発生する）「機が熟す瞬間（ripe moments）」が実現可能となる。そうなれば，紛争当事者は，より大人しくなり，仲裁者，外交官，平和維持活動は，より機能しやすくなるにちがいない。

　国連憲章自体には明記されていないが，国連の平和維持活動は，おそらく近代の紛争管理アプローチとしては最も革新的なものであった。平和維持活動は，1956年のスエズ危機の際に，超大国間の大きな紛争の口火となることを避けるべく，任期中の国連事務総長によって発展させられた。1990年以来，今日まで生起した平和維持活動は，単なる停戦監視のようなごく限られた活動から，より複雑で多次元的な活動に至るまで拡大を遂げた。

　平和維持におけるこの初期の形態は，四つの主たる原則を含んでいた。一つ目に，武力は攻撃的であるより防御的であるべきだ。二つ目に，武力は（中立性を高めるために，）主要国からの軍隊を含むべきではない。三つ目に，武力は公平であるべきだ。そして，四つ目に，武力はその紛争の中で同意が得られており，また，当該の紛争に加担すべきではない。このような小さく象徴的で安上がりな軍隊は，国連安全保障理事会の超大国であろうと，地上軍やゲリラ部隊であろうと，紛争当事者の同意が必要であるために，平和や安全保障のため

に象徴的な支援を提供でき，また，国連憲章を掲げ，リスクを冒すことはなかった。平和維持はまた，平和交渉が実現されるような穏やかな環境をも提供した。

　現代の平和維持におけるその初期形態は，（1947年のカシミールや，1948年と1950年の中東でのミッションのように）本質的に監視のミッションや，兵力引き離しのミッションだったが，それらの諸形態は，（1964年以降のキプロスのように）外交や調停や交渉が平和維持軍と並行して始まりうる安定条件を提供しようという形へと急速に発展した。1956年，そして（1956年から1957年の）スエズ危機以来，多くの平和維持ミッションが，植民地の独立促進や，面目を保ちつつも，植民地勢力の撤退を可能にすることを目論んだ。平和維持活動は，1963年や1974年のキプロスのように，小さな紛争が大きな紛争へとエスカレートすることを防ごうとした。1956年のスエズ危機や1964年以降のキプロスのように，平和維持活動は，合意された停戦を警備し，軍の撤退や平和合意の創造を監督しようとした。言い換えると，平和維持活動は，平和維持軍が存在する限り続くであろう消極的平和を支えようとしたのである。

　冷戦終結以降，多くの紛争がバルカンやアフリカや中米で突発した。南アフリカとローカルな指導者たちの合意が国連に監督され，独立がもたらされたナミビア（1989-90）のような場所で，国連の平和維持活動はまたもや，国連安全保障理事会や他の国際的調停との交渉による優先的平和合意を実質的に実現することに努めた。ほぼ同時期に，同様の国連軍も，アンゴラとモザンビークでの内戦を終結させるための合意を実現するために派遣された。ニカラグアとエルサルバドルでの内戦終結後，オブザーバーのミッションもまた，平和への移行を監視することであった。

　コロンビアでの1992年から1993年の民主化への過程の間，国連が暫定政府の役割をも果たしたように，より野心的なミッションも生じた。したがって，国連は，リベラルで積極的な平和の形態の建設に，より関与するようになった。平和維持スタッフ，あるいは，国際的スタッフが中立的な第三者として認識されるよりも，紛争に巻き込まれるリスクに直面したボスニア・ヘルツェゴヴィナのように，1990年代後半まで，高まりつつある圧力下で，国連はローカルな

つながりぬきで平和維持活動を行おうとした。

　1960年代初頭のコンゴ民主共和国やキプロスのようなところで，紛争管理の実践が消極的平和の弱点を補うこと，あるいは，積極的平和のローカルな要求に応答することに失敗したために，平和維持の進化が起こった。平和維持の初期形態は，明示的な暴力を一部緩和することに成功したが，包括的な平和解決にはめったに至らなかった（1978年にカーター米大統領によって，説得力ある形で仲介されてはいたが，1967年と1973年の戦後，イスラエルとエジプトの間のキャンプデービッド合意は，おそらくその例外であろう）。消極的な平和は，勝者の平和と同じ弱点に苦しんでいる。すなわち，消極的平和には，恒久的な軍事的・物質的保障が必要であり，さもなければ，それが作り出すいかなる平和プロセスも崩壊してしまうのである。

紛争解決を通じた平和

　第二世代は，国家よりも市民の権利やニーズに焦点を当てることで，紛争の背後にあるダイナミズムに接近し，紛争当事者に働きかけ和解させようと試みるものである。この試みは，それ以前のアプローチの限定的目標に対する部分的対応策であった。

　このアプローチは，特に市民社会のニーズによってもたらされた（すべての当事者がその平和プロセスの結果，自分たちが勝ったと感じるような）「ウィンウィン」の成果を創出しようとしていた。このアプローチは，個人・集団・社会の視点からの紛争の根本原因に焦点を当て，そして，（「トラックⅠ」が公式の外交や調停や交渉を意味するとすれば，「トラックⅡ」としばしば言われる）このような分析のレベルにおける相互の和解に注目した。この見方からすれば，紛争は基本的な人間のニーズの抑圧から生じ，また，心理的現象であると同様に社会的現象である。人間のニーズは，今やしばしば，国連やドナーシステムの中で普遍的で議論の余地のないものとみなされている。第二世代のアプローチは，不正義を社会的な不安定の原因と考え，人間のニーズが，一つは紛争の原因，また紛争をどのように解決すべきか，そして，単に敵意を管理するだけでなく，どのように和

解や正義を達成できるのかについて理解するための枠組みを提供すると考えた。この市民社会志向の言説は，紛争や，差別的で不平等な社会的・経済的・政治的構造の社会的ルーツに取り組むことで，積極的平和の建設を目指した。

　第二世代のアプローチは，国家安全保障よりも人間の安全保障に光を当てている。この理論的な基本原理から，平和創造における多くの新しい方法が生まれた。市民外交や紛争解決や同様のアプローチは，社会を和解させるための代替的で革新的な方法として，キプロスや中東，北アイルランドやスリランカのみならず世界中で一般的なものとなった。これらの事例では，1990年代と2000年代初頭に，非公式的な「裏ルート」が，紛争の境界線を越えて，政治的・非公式的な市民社会のアクターの領域間で作られた。平和プロセスのより広い展望を議論するだけでなく，ローカルな問題やどのように日常生活を改善したらよいかということを議論するため，社会集団の間で非公式の会合がしばしば開かれた。国際的調停者は，こういったことを促進し，地位や権力の発生に関する日常的障害を避ける方法を見出した。これらすべての場合において，非公式のコミュニケーションチャンネルは，少なくともしばらくの間，最終的には公式的なレベルで大きな影響を与え，安全保障を著しく改善させる平和プロセスを促進した。

　和平プロセスが始まった1994年以降，この第2世代のアプローチは，特に北アイルランドにおいて成功を収めた。北アイルランドにおける和平プロセスは，エリートや社会的なレベルで発生し，そして，強力な市民社会と，コミュニティ間の構造的・経済的不平等を解決するための英国政府やEUからなされた経済投資によって強化された。歴史的に関わりをもってきた主要な政府間には並行的合意が存在し，（1998年のベルファスト合意のような）新しく，かつ，先進的な政治制度が創出された。

　しかし，イスラエルやパレスチナ，スリランカのような他の地域におけるこういったプロセスの可能性は，1990年代には非常に約束された出発であったにもかかわらず，実現しなかった。これらの和平プロセスは，民族主義的・権力志向的・公式的プロセスに逆戻りし，主権や軍事化やそれまで存在した諸制度の残存した偏向と関連したおなじみの問題を克服できなかった。しかし，紛争

解決のアプローチは，いかなる社会の和平プロセスも，政治的・社会的・経済的ニーズや権利に応えるべきであることを明示してきたのである。

紛争転換・平和構築・国家建設

ここ20年の間に，非常に重要で革新的な国際平和構造が発展してきた。それは紛争の終結と，より発達した平和形態の構築という両者に対する第三世代のアプローチである。この第三世代のアプローチは，1990年初頭以来，コロンビア，ボスニア，シエラレオネ，東ティモール，アフガニスタンなどのような国々における，大規模で外的な介入の形態に関与してきた。

このアプローチは，紛争転換理論 (conflict transformation theory) に影響を受けてきた。この理論によれば，平和を作り出す上で必要なことは，紛争を助長するような友好関係や利益，国家や社会の性質を転換するプロセスである。これは，認識やコミュニケーション，不平等や社会正義を含む，紛争の原因をつきとめようとする，長期的で多次元的なプロセスである。リベラルな平和構築もまた，そのようなアプローチから大きな恩恵を受けている。

そこには様々な評価があるが，2008年までに約11万人の職員たちが，全体で1億人もの人々が住む，紛争中の，あるいは紛争後の国々に派遣された。これらの任務は，国連や世界銀行や外国のドナーや多くの地域的・国際的機関などの国際組織によって管理された，軍事介入や民主化，開発といった範囲の内容を含む。彼らは，積極的平和の構築を目指し，安全保障，民主主義，人権，法の支配，発展，自由貿易や活気に満ちた市民社会に注目した。ここ20年，あるいは数年の間，リベラルな平和構築や国家建設は，ローカルで地域的な紛争に対応するための最も有力なアプローチとなった。

リベラルな平和構築

リベラルな平和がひとたび，1990年代初頭に国際的コミュニティによって広く認められるようになると，国際的コミュニティにとっての次なる段階は，紛

争環境の中にリベラルな平和を組み込む方法を考案することであった。はじめの章で概説したように，リベラルな平和構築は，平和や安全保障を，近代の国家体系の中の発展・民主主義・法の支配・人権・活気に満ちた市民社会と直接的に結び付ける。平和は，グローバルなガバナンスや国際法や貿易のシステムの中に埋め込まれている。

　しかし，このトップダウンの構造は，全体の一部をカバーしているにすぎない。平和構築ははじめ，社会の中のローカルなコンセンサスが積極的平和を導くという，草の根かつボトムアップなプロセスとして，平和研究の中で理論化された。この概念が進化するにつれて，人権・発展・民主化・人間の安全保障というアジェンダが収斂するようになったが，実際にも，国連安保理の主要国間の相矛盾する利益をまとめあげる必要があった。国際的な規範と利益の一致，すなわち，平和構築のコンセンサスは，現代のリベラルな平和構築のプロジェクトの中で頂点を占めるに至った。冷戦終結以降，これはいく分かより野心的でより統合された平和維持の発展に基づいており，当初は，多国間のローカルな行為主体の同意を得る多次元的形態，あるいは場合によってはその同意を伴わない形態から，急速に進化したものである。その結果，国連やその支援をする行為主体の役割への要求は，彼らが平和を作り出すために着手する任務，そして彼らがそれを行う世界中の多くの現場という意味において，著しく多元化し，多様化した。

　1992年の『平和への課題』をはじめとした数多くの国連の文書には，平和構築についての詳しい記述がある。冷戦期の和平合意と同様に，この国連の報告書は，平和構築を，「紛争の再発を防ぐために平和を強化し，また強固なものとすることに寄与する構造を見出し，それをサポートする行動」として定義した。2007年には，国連事務総長はその包括的定義を次のように提示した。

　　平和構築は，紛争管理のあらゆるレベルにおいて国家の能力を強化することによって，紛争が発生する，あるいは再発するリスクを減らし，そして，持続可能な平和と発展の基礎を築くことを目的とした手段を意味している。平和構築の戦略は，ナショナルなオーナーシップに基づいた特定の国家が関与するニーズにとって，矛盾せず適合していなければならない。そして，これらの目的を達成するために，注意深く優先

化され順序だった，相対的に限定的な活動を含むべきである。

　しかし，このアプローチは，主権国家と彼らの主権不介入の権利が考慮されるというニーズによって，そして，平和構築についての現代のほとんどの政策文書を通じて繰り返される普遍的信条に基づいて平和は構築されるべきである，という暗黙の要請によって制約されている。

　国連や出現しつつある「平和産業」における安全保障の概念に，これに関連するひとつの展開が見られた。少なくとも冷戦終結まで，安全保障は，主として戦争が国家間で行われているか，あるいは，国家の領土が安全であるかどうかをめぐって展開した。しばしば支配的エリートによって特定のアイデンティティや社会経済的集団が継続的に抑圧を受けていたにもかかわらず，この安全保障の考え方は，国内で何が起こっているか，あるいは，どちらがえてして権威主義的・全体主義的支配者の側であるのか，ということを無視した。前述したように，1990年代半ばまで，世界中の数多くの政策決定者たちは，「恐怖からの自由，欠乏からの自由」というルーズベルトアメリカ前大統領による第二次世界大戦以降のスローガンをよみがえらせることで，人間の安全保障の意味を考えるようになっていた。

　1990年初頭以来，国連統合ミッションは，（NATOやEUやOSCEのような）他の行為主体と共に1990年代初頭のバルカン半島において見られたように，平和構築における大きな野心を支えようと努力した。ナミビア・カンボジア・アンゴラ・モザンビークやエルサルバドルにおけるポスト冷戦初期の平和維持活動は，国連の介入が停戦の監視を超えて行われ，むしろ，破綻しつつある国家や失敗国家の民主化，そしてリベラルな改革に寄与したことで平和が生まれるという希望を与えたように見えた。この青写真は，1990年代から2000年代の間，コロンビア・ボスニア・コソヴォ・シエラレオネ・リベリア・コンゴ・東ティモールやその他の諸国家において用いられた。リベラルな平和構築は，紛争のローカルで国家的で地域的な側面，そしてその行為主体に接近しようと試みるがゆえに，多元的アプローチを意味するようになった。リベラルな平和構築は，幅広い問題やダイナミズムを取り扱うことができる広範な行為主体を導入

したがゆえに，実質的に多次元的なものとなった。

　これまでのところ，平和構築の記録は両義的である。様々な異なる場所における多くの活動は，これまでのところ単に権威主義的な体制をもたらした。どうしてかと言えば，このプロセスが構想の時点で一貫性がなく，あるいは国際的な行為主体が非効率で，不調整であったからであり，あるいはローカルな行為主体にあまりにもたくさんの発言権が与えられ，したがって彼らの反自由主義，民族主義，そして利益が，そのプロセスに流れ込んだからである。

　このような傾向を避けるために，紛争後の国際的行政（国際連合や，あるいは紛争の中から出現した国家に責任をもつと思われる特定の諸国家を意味する）がさらに常態化することになった。このアプローチは，ボスニアヘルツゴビナ・コソヴォ・東ティモール，そして一定程度アフガニスタンで用いられた。しかし2000年代のアフガニスタンとイラクでは，さらに干渉的なアプローチが用いられた。これらのオペレーションは，国家を改革している間に，地域的安定性と国際的安定性を生み出すことを目的としていた（今ではしばしばこのアプローチは"国家建設"と言われている）。これらは，唯一積極的平和をもたらすとして広く認められるようになった。

　平和構築のアプローチは，リベラルな国家を創造するためのリベラルな規範をベースにした，国際連合やドナー，NGO，外国軍のような外部の行為主体によって平和がつくられうるという考えに基づいた。21世紀の初頭，さらにより野心的な課題が『ミレニアム開発目標』（2000年）や『保護する責任』（2005年）と呼ばれる教義によって出現した。これが意味するのは，主権国家は市民への責任を伴っており，もしその国家がその市民の人権を侵害し，ジェノサイド行為，戦争犯罪，人道に対する罪，そして民族浄化といった行動に関与するとすれば，国際社会がこれに介入してもよいということを意味する。

　国際連合や重要なドナーによってもたらされた国際社会は，経済的安定性や繁栄を達成するため，そして法の支配や人権を保障するための諸政策をデザインした。それらはローカルな文脈で紛争の矢面に立つ人々を支えるために，幾分かは多くの先進国における有権者によってもたらされた要求によって後押しされた。このようなアプローチもまた（ロシアや中国などのような）一部の国家に

よって抵抗を受けてきた。これらの国々が主張するのは，このようなトレンドは，北／西側の覇権を意味する新しい植民地主義の形態とほとんど変わらないということであり，そしてそれは自分たちの主権に攻撃が加えられることに他ならないということである。

　しかし，たとえそうでも，現在平和構築のプロセスでは，世界中の紛争後の現場において，すでに何万という軍属と民間の職員が関与している。要するに，リベラルな平和構築は，平和のはるかにより積極的な理解に向かって移行し続けている。近代国家の枠組み内に包摂された開発の新自由主義的な形態と同様，リベラルな規範と諸制度の適用を通じて，リベラルな平和構築は平和のより広い見方を提供した。リベラルな平和構築はまた，最終的に2005年に国連平和構築委員会が設立されるに至るまでの世界的に適用可能な青写真の手法が何でありうるかということを提示した。ブルンジやシエラレオネ，ギニアビザウ，中央アフリカ共和国のような国々で活動することによって，国連の平和構築委員会，平和構築基金，そして平和構築支援事務所は，発生しているプロセスの範囲を統合し，調整することに関与している。

　しかしリベラルな平和構築はまた，（軍事介入に依存する）反自由主義的なものでもあり，非効率的で不調整であるがゆえに，また民主主義や人権そして交易が平和を創り出す上で，十分であると思い込んでいるがゆえに，そしてそれがローカルな選好やニーズに十分な注意を払ってないがゆえに，広範囲に批判されてきた。概して，世界中の平和と安全における進歩が近年25年間に勝ち取られているにも関わらず，この時代の間の少なくとも5分の2の和平合意は2-3年のうちに崩壊している。

国家建設

　2000年代初頭，国家建設と呼ばれる新しい教義が出現した。このことは，（特に人権と関連した）リベラルな平和の規範的な願望からの重要な撤退を意味した。発展した北側におけるリベラルな規範からの逸脱と同様，安全保障や犯罪やテロといった分野において，国家の弱点が増えることは，国際的な平和や

安全保障にとって脅威であるとみなされた。数多くの世界中の指導者が，これは2000年代の教訓であると，特に，アフガニスタンやソマリアや北朝鮮やパキスタンなどのような国々との関連で考えた。他の国家へ波及しかねないテロリズムや貧困，犯罪や密売，人道的惨事が混在した危険を生み出す土壌となるがゆえに，そのような破綻しつつある国家や紛争後の国家は，国際システムにとって脅威であった。

　国家建設の目的は，外部化された介入の戦略を経由して，「よい統治（グッドガバナンス）」というアジェンダによって形成された，繁栄し安定的なリベラル国家の創造を実現することである。（国際的行為主体が紛争の当事者となってしまった1990年代のソマリアやボスニア・ヘルツェコヴィナやコソヴォのように，）特に終わりなき紛争への関与という意味で平和構築が明らかに限界を見せる中で，国家建設はアフガニスタンにおけるように，小さな，あるいは「軽い足跡」程度の介入を作り出すべくデザインされた統一的理論を提供するように見えた。いかなる国際的な人道的介入も，信託統治における広範な形態には代わりえない。そこで考えられたのは，主だった介入と比べて，国家建設こそが，国際的あるいはローカルなパートナーにより違和感をもたれないであろうということである。

　国家建設から生まれた国家は，その国家の市民に安全や生活やサービスや法律や制度を提供すべきである。新生の国家は，国民に基本的ニーズを提供し，またアイデンティティの対立を軽減する民主化，権利，一時的そして長期的な正義，統合，法の支配をも促進するだろう。1997年の世界銀行の報告「変容しつつある世界における国家」によると，この国家の枠組みは，安全保障や法律や秩序における最小限の機能から，正当な諸制度や公共サービスや福祉や社会的支援と関連した「積極的」機能にまで幅を広げることで，その一連の核心的機能を備えている。

　国家建設は，正統性のローカルで国際的な形態と，特に主権国家のためのローカルな願望とを獲得することが想定されている。国家建設は，これらを領土的支配や政治的安定，そして経済的実現可能性を備えた政治構造へと変換する。国家建設は，それ以前の諸制度が国際的期待にそった近年のモデルへの既

定路線におかれるような近代化のプロセスを提供する。その系譜は，南北戦争後のアメリカや，第二次世界大戦後のドイツや日本，そして多くの西ヨーロッパ諸国における再建と国家建設の実験へとさかのぼることができる。

　国家のこの理解では，国家は，安全保障を提供し，民主主義や権利や繁栄を強化する核心的機能の領域であることが想定されている。国家は，基本的サービスを提供し，雇用を創出することによって，安全や正義や歳入の創出と徴税に責任をもつ。国家がこれらの仕事によりよく取り組めば取り組むほど，市民から得られる正当性もより増加する。国家は，安全・法・財産権・周辺化された人々の保護にも注目する。国家は，分権化され，競争的であり，そして実力主義的であるべきである。国家建設はそれ自体，国際組織や国際制度やドナーやそれらの規範や政治的・経済的実践から生まれたが，グローバルガバナンスや国際会議や地域的組織のシステムを通じて，その国家や市民に継受されたものである。

　しかし，国家建設プロジェクトは，リベラルな平和構築と同じような欠陥に苦しめられてきた。すなわち，今日のアフガニスタンで現出したような，平和の配当の欠如，そして安全保障や日々の平和，社会正義の提供の失敗である。

どこまで到達したのか

　リベラルな平和構築と国家建設は，紛争の潜在的な原因に対応する，あるいは紛争を予防するための国際制度や開かれた市場の重要性，民主主義や人権の重要性において，最も進んだ西欧的かつグローバルなコンセンサスを体現している。（未開発諸国家やサバルタンな行為主体はほとんど表象されないが，）このコンセンサスは，非西欧諸国家という幅広い領域をも含んでいる。またこのコンセンサスは，暴力の減少や，リベラルな規範・制度・法律・市場の遵守を触発することにおいて，ある程度の成功を遂げてきた。しかし，言われる程明らかな「成功」は見られなかった。もちろん，成功はそれをどのように定義づけるかにもよる。もし成功が，国家が暴力に再び陥らないということであるとすれば，利用可能なデータから言えることは，紛争終結以降少なくとも初めの5年

間は，国連が活動した戦後の環境の約半分は消極的平和が達成されていたということである。国家間紛争や内戦の数は，死者の数と同様，減少してきた。持続可能でよく練られた紛争合意の数もまた，増加してきたように見える。したがって，こういったリベラルな方法は少なくとも，より積極的平和が出現する基礎であると言える。

　しかし，冷戦終結以来，国連が試みた民主化の18かそれ以上の試みのうち，13の試みが数年のうちに何らかの権威主義体制に苦しめられた。さらに，世界銀行のような国際的な金融機関が，素早い「平和の配当」の提供が期待できる一種の経済的機会や福祉を提供するための構造的解決や開発プロジェクトを用いてきたが，それには失敗している。平和構築と正義の間の関係もまた論争的であった。紛争下にある影響力のある個人や組織の中には，暴力や汚職や人道に対する犯罪に関与する者もいるため，正義はしばしば安定が優先される中で沈黙を余儀なくされた。実際，リベラルな平和構築と国家建設は，和解のプロセスというよりもむしろ，紛争後のガバナンスシステム，そして単なる開発主義の形態に成り果ててしまった。

　このことが示唆するのは，平和構築や国家建設が，その本来の目標に到達すること，あるいは彼らの文化や伝統とは異なる当事者個々人の生きた経験や，日々の生活の中における彼らのニーズと合致することに失敗しているということである。そこにはいくつかの共通の欠陥があった。

(ⅰ)　巨大な規模の平和創造のために利用可能な十分な資源が存在しないこと。
(ⅱ)　ローカルな能力・スキル・参加・同意が欠如していること。
(ⅲ)　調整の不在，そして，国際的な行為主体の中であまりにも重複処理（ムダ）が多いということ。
(ⅳ)　そのプロセスがその当事者よりもむしろ，国際的な行為主体によって主に支配されていること。
(ⅴ)　社会の中で，社会が直面した問題や福祉の問題が無視されていること。社会的・福祉的意味において社会が直面している問題が無視されていること。

⒱　平和構築と国家建設が，和解よりもむしろ主としてネオリベラルな市場化と発展のアジェンダによって突き動かされていること。

⒱　またそのことが，ローカルで国際的な不平等やエリートによる略奪を恒久化するということ。

リベラルな平和の枠組みは，市民の福祉を支援するための社会民主主義的諸政策よりもむしろ，国際貿易のためのネオリベラルな民主主義への改革や創造を目指してきた。紛争や多くの階層化を残存させている原因として貧困や不平等の問題が重要であるという膨大な量の証拠があるにもかかわらずである。平和的な地域がより平等であるように，平和的な社会もまた一般的により平等である。

多くの政策立案者や官僚がこういった考えに個人的には賛同し，国連や世界銀行や多くのドナーやNGOもまた，継続的にそのような問題に適合するアプローチをとっている。例えば近年の，国連や世界銀行における「ローカル・オーナーシップ」や「参加」といった議論は，平和構築や国家建設が紛争後の多くの市民たちの日々の生活とは多かれ少なかれ無関係である，という懸念を示している。

代わりに生じたのは，国連や世界銀行から国際的ドナーや国際NGOに至るまでの国際的な行為主体に支えられた脆い国家（fragile state）である。しかし，ローカルな権力システムのためのニーズや，政治的・経済的枠組み，そして，社会，地域，文化が平和のためのあらゆる枠組みの一部分をなすという経験を通じて，これまで平和構築について多くの学びがあったのである。リベラルな平和は，リベラルな平和構築と同時に，ローカルな平和の文脈の諸要素に基づいて描かれるハイブリッド，あるいはポストリベラルな平和の形態に今や取って代わられつつある。そしてこのことが重要なのは，平和構築と国家建設が主に，先に発展した西洋や北の文脈の外側に適用されてきたからに他ならない。

第**9**章　平和のハイブリッドなかたち

　リベラルな平和の形態を越える段階として，ハイブリッドな平和のかたちが
世界中の様々な場所で出現している。それぞれの場に応じた社会的・文化的・
歴史的規範やアイデンティティ，物質的資源に基づいた政治のローカルなパ
ターンは，民主主義や法の支配，人権，活力ある市民社会といった西洋的ある
いは北の平和の思考と融合しつつ，ハイブリッドな平和の形成に影響を与えて
きた。出現しているのは，厳密には，平和のリベラルな形態でも，ローカルな
平和の形態でもなく，様々なアクター，その人たちの行為，安全保障への関心
を含む政治的な論争を通じて形成された，ハイブリッドな平和の形態である。
ある場合，例えば軍閥や外部の平和構築者が非常に不快な社会を作っているア
フガニスタンのようなところでは，消極的な意味におけるハイブリッドな平和
が出現しているかもしれない。しかし，他のところ，例えば東ティモールやシ
エラ・レオネのような，ローカルな慣習法やガバナンスが近代国家とゆっくり
と足並みをそろえているところでは，より積極的でハイブリッドな平和の形態
の可能性がある。

　こういったプロセスは，いかなる平和の解放的な形態にとっても重要な意味
をもっている。そのプロセスはすべてのアクター，すべての国家，すべての非
国家の利益，アイデンティティ，ニーズを反映するにちがいない。またこのプ
ロセスは，自律や社会正義を目的とするのみならず，アイデンティティ集団と
世界中の諸地域を相互に結びつけようとするだろう。日常的な平和の形態は20
世紀の国際主義者の夢から生まれたリベラルな平和を補完するのみならず，そ
の目的そのものでもある。それは，西洋がもはや国際的に支配的でなくなった
今の時代に，ローカルな正当性の形態，あるいは今とは別の政治的・社会的・
経済的システム，そしてローカルな平和の規範は，どのように国際的な形態と
関わるのかといったような問いを思い浮かびあがらせる。（市民的平和の一部で
あり，リベラルな社会契約にとって必須な）リベラルな人権体制の国際的な理解は，

世界中の様々な場所におけるローカルな慣習，あるいは宗教的実践と調和できるのだろうか？　平和のハイブリッドなかたちは，それゆえ，第三世代の平和構築，国家建設のアプローチを超越するものとなる。第四世代のアプローチは，よりローカルで文脈的な伝統，そして個々の紛争後の社会に根をはるアプローチを含むだろう。またこのアプローチは，世界中の国家間，社会間に残存する非常に深刻かつグローバルな不平等にも取り組まなければならない。ハイブリッドな平和は，積極的平和を越えた進化を体現している。

平和のハイブリッドな形態——平和の第四世代か？

　ソマリアでは，国家が崩壊状態であるにもかかわらず，多くのローカルなコミュニティが，プントランドやソマリランドのように，アドホックな非公式の制度や慣習を通じて，安定性や正義，経済を維持するべく，自己を組織化してきた。カンボジアでは，1990年の初期の平和構築以来，相対的な意味における権威主義的な民主主義が出現してきた。そこでは，活力ある市民社会が特に，人権分野で，政府に圧力をかけ続けてきた。ボスニア・ヘルツェゴヴィナでは，弱った戦後の国家の状況が，部分的にその状況を緩和しようとする国際的な支援とローカルなコミュニティの試みによって改善されてきた。リベリア，モザンビーク，シエラ・レオネ，グアテマラ，ソロモン諸島と同様，東ティモールでは，国際的およびローカルな協力が，慣習的な実践を程度の差こそあれ，盛り込んだ特定の文脈をもつ平和の形態がつくりだされた。このプロセスにおいて，市民社会で機能し，しばしば非公式的に，ローカルな慣習や正義と出現しつつある近代国家とを結びつけるローカルな組織は，非常に重要であった。エリートたちは求められた改革や和解に抵抗するかもしれないが，その当の国家は，こういったプロセスによって再形成された。それは，アフガニスタンのように，タリバンや様々な軍閥を含む部族や歴史的な実践との困難な妥協を要求するかもしれないが，この妥協は彼らに代わって一定程度の重要な改革を含んでいるだろう。何千もの国際的に支援されてきたローカルな開発コミュニティとNGOは，このプロセスにとっては必須であり，より広い安定性を創造

するためにとても重要である。

　一般的に，こういった事例は，いわゆる**ポストリベラルな平和**（a post-liberal peace）と呼ばれるものへ向かう緩やかな動向を示している。そしてそこでは，国際的な規範や制度が様々な文脈のローカルな政体と相互作用するのだ。プロセスは，伝統的な紛争解決や平和構築のアジェンダを活用する。ポストリベラルな平和は，新しい国家や政体と，より古くローカルに認識された正統なアジェンダとを結びつけるために，人間のニーズや根本原因に接近し，草の根の人々や紛争後の政体で最も周辺化された人々に働きかける。

　このようにして，ナショナルなオーナーシップやナショナルな文脈の特異性が，平和構築のために必要であるということが受け入れられるようになった。基本的安全保障，法の支配，政治制度や政治過程，健康や教育を含む基本的サービス，政府の中心的機能，そして雇用こそが，依然としてこの新しい平和構築における構成要素である。雇用創出，経済活性化，過渡期のセーフティネットは，平和の配当の一つの手段として考えられる。

　国際的な諸政策を洗練させる更なる試みが，こういった考え方の線上に存在してきた。特に，「（新たな）社会契約」を語る世界銀行の「世界開発レポート2011」，開発協力についての釜山パートナーシップ協定，2001年末の脆弱国家におけるニューディール的関与，そして，「平和のためのガバナンス」というUNDPの2012年のレポート，すなわち，社会契約の確立である。これらの文書は，第四世代のアプローチを発展させようとする試みを反映する平和構築における進化を示している。これらはみな，社会契約，正統性のニーズ，人間の安全保障，（社会正義ではない）正義，経済発展，そして，「公平なサービス」に言及している。トランスナショナルでグローバルな市民社会は，「ニューディール」を推し進める上で，依然としてまだ有用なのである。

平和へのローカルな貢献

　ローカルな集団がしばしば彼らの平和を，小さいけれども効果的で広範囲に再現性の高い規模で実現してきたところでは，より文脈を重視する平和構築の

可能性についての理解が，紛争後の地域においても長期に渡って存在してきた。

　例えば，1990年代において主としてアメリカやヨーロッパの研究者たちによるキプロスで開催された紛争解決のワークショップによって，平和に関心のある人々が，1974年（あるいはそれ以前）以来ギリシャやトルコのキプロス側を分断していたグリーンラインを越えて会うことが可能になった。彼らは，「敵」との接触そして，議論がもつ力を評価した。しかし彼らはまた，ワークショップの進行が，彼らが直面する政治的・経済的・アイデンティティ，または正義に関わる困難な問題をごまかしているとも感じた。一方で，そのワークショップを運営した研究者たちは，彼らが見たものに不満を募らせた。というのも，ローカルな人々の傾向が，非協力的で，内向きであり続け，彼らが望むような方向にはいかず，しかも，もう一方の側のいかなる接触に関しても研究者たちに依存し続けているように見えたからである。

　これらすべての問題にもかかわらず，ローカルな参加者たちは，平和の地盤を作り出す過程を利用することができた。この地盤は，この島の平和的解決についての単一のコンセンサスを実現しなかったが，これら「共同体をまたぐ団体」の構成員の中で，平和的な共存の洗練された形態が出現することを可能にした。平和のプロセスを発展させる最新の公式的な試みにおいて，島の二つの政府や政治的指導者たちでさえ，その可能性が無視され続けた年月の後に，そのような市民社会運動の重要性を認識するに至った。

　モザンビークとナミビアでは，1990年代の紛争終結以降，政府あるいは国際機関はその植民地化と白人の入植という歴史ゆえに，社会的・経済的問題に十分に対応してこなかった。市民社会はしばしば，弱くて，存在感がなく，そして気まぐれなドナーの好みや基金に依存するものとして語られる。それにもかかわらずローカルな組織は，しばしば独自の文脈の中で，人権や開発や教育や職業訓練に従事し続けてきた（つまり，彼らはいかなるドナーや国際支援も受けていない）。そのような組織が，重要なドナーの支援なしにそのように機能することを決めた場合，彼らは生き残って自身のアプローチの発展が可能となるということに気づく。モザンビークでは，田舎で多元的共存や平和や共生について人々に教えるために，一つのNGOが伝統楽器を使用している。またもう一つ

写真6 発射不能の銃

非暴力──スウェーデンのアーティスト，カール・フレデリック・ロイテルスワルト（Carl Frederik Reutesward）による「発射不能の銃」（1980年）は，ニューヨーク国連ビルの外に設置されている。

出典：Zheng Zhou 撮影（https://commons.wikimedia.org/wiki/File:Non-Violence_sculpture_in_front_of_UN_headquarters_NY.JPG?uselang=ja）

　の別の組織は，世界中で広くその名を轟かせてきた自身の小さな武器の解体プロジェクトを発展させてきた。兵器は，彫刻や芸術の断片に変えられる。平和にとっての政治的・経済的障害が残っていたとしても，そのような小さな活動は，しばしば広範な社会的重要性をもっている。このような野心的な試みは，ニューヨークの国連の建物の外にある有名な彫刻にも見られる（写真6参照）。

　グアテマラでは，1990年代の平和のプロセス以前，あるいはそれ以来ずっと，繁栄した豊かなヨーロッパの問題解決コミュニティが政治と経済を牛耳ってきた。しばしば相対的な貧困の中で田舎に生きるマヤ族の大多数のコミュニティは，彼らが同じ国に住んでいることをほとんど認識してさえいない。しか

し彼らは，文化やアイデンティティを保護する数多くの方法を発展させ，また，近代国家で彼らが生き残り，生存することができる場所探しに徐々に成功を収めてきた。彼らは，自らの文化やナショナルそしてインターナショナルなフォーラムを含むコスモロジーを獲得するために懸命に努力し，そしてそれゆえハイブリッドな平和を築いている。

　スリランカでは，2000年代のあらゆる和平プロセスとは非常に異なる環境であるにもかかわらず，一定のローカルな組織が，分離主義者の暴力や国家主義者やエリート主義の政府，またエスニックなそして宗教的愛国主義者によって，課された制限をかいくぐってきた。しかもそれは，ノルウェーのような国々や外国のドナーから国際連合に至るまでの仲介者をはじめとする他の国際組織が，まねることのできない手腕によってである。これら国際組織が，強欲で偏執狂的な地方政治によって突き崩される一方で，（彼らの安全の為に実名は差し控えるが，）ローカルな組織は，人権や平和構築の領域で機能し，困難で変化するローカルな条件にもかかわらず，彼らの政策提言や説明責任の役割をなんとか果たしてきた。これらローカルな組織は，ハイブリッドな平和の可能性を提供するために，国際的支援と，彼ら独自の能力や知識とをなんとか融合させようとしてきた。

　戦後そして，1990年代終わりから2000年代初頭の間，コソヴォとボスニア・ヘルツェゴヴィナの両者においては，ローカルなカウンターパートたちが，特に社会的・文化的・経済的に要求された改革，あるいはアイデンティティの変化の領域において，リベラルな国家が実現するためにデザインされた制度改革を妨げ，あるいは「遅くする」傾向にあるということに，国際的行為主体たちが不満を募らせるようになった。コソヴォが競争的国家を実現した一方で，ボスニアは国家改革において暗礁に乗り上げた。ボスニアでは，様々な国際的行為主体と結びついたエリートの政治レベルで見られたローカルな非協力性のために，高度に分裂した国家におけるリベラルな平和の発展が非常に難しくなった。しかし，それに応じるかのように，人権や移行的正義に関わる問題や文化的プロジェクトに取り組む多数の現地の市民社会組織が，（リベラルな平和の国際的期待に必ずしも一致はしないものの，）様々な地域的問題を解決する上での進

写真7　東ティモールの「聖なる家（una lulik）」として知られる家々

出典：外務省ホームページ（https://www.timor-leste.emb-japan.go.jp/pko_8.htm）

展をスピードアップさせるべく出現した。コソヴォではそういった市民社会組
織の一部が，1980年代を通じ，そして1999年の終戦後，国家が断念した多くの
サービスを提供し始めていた。そういった市民社会組織は，のちに新しい国家
の一部分となるべく，その影から生まれ出たのである。この両者の現象は，ハ
イブリッドな形態の平和と国家の生成の可能性を示唆している。

　東ティモールでは，2002年の独立以降，そして国連のPKOや特に2006年の
暴力の再発以後，ローカルな行為主体が社会的・政治的な次元をもつハイブ
リッドな平和を構築する上で決定的な役割を果たしてきた。最も目に見える二
つの例は，「聖なる家（una lulik）」の景観の再現と，社会福祉制度の創造であっ
た。聖なる家は，ローカルな政治や調整，経済的支援が決定され，紛争解決の
儀礼を含んだコミュニティを結束させるような祝祭や儀礼が執り行われる家庭
や社会生活の中心である（写真7参照）。国際的アプローチが失敗に終わってき
た場所におけるこれらの施設の再現は，そのより深い安定性を示唆している。
ティモールギャップの石油や天然ガスの備蓄から得られる収入が，平和の配当
は国家によってより直接的に分配される必要があり，国家はティモール人のア

イデンティティや歴史をより近密に反映しなければならないと考える政府のハイレベルと結びつくことによって，近年，平和構築は人々の日常生活にとってより馴染んだものとなった。その結果，東ティモールはより安定的で，もちろんよりハイブリッドな国家となっている。

　ソロモン諸島でも，紛争後に同様なダイナミズムが出現している。ほとんどのコミュニティは，現地化し習慣化した教会由来の制度やプロセスから，法や正義や代表制，福祉を獲得している。近代国家は彼らにとって，遠くまたしばしば略奪的に見えるが，国際市場もまた同様である。2009年に設立された民族統一和解平和省 (The Ministry for National Unity, Reconciliation, and Peace) は，リベラルな平和システムが自覚している文脈的困難をとてもよく理解しているし，リベラルな平和システムと共に，ローカルな諸制度が，エンパワーメントやオルタナティブをどれだけ提供するかも理解している。このことは，年長者や族長による封建的システムや，封建的法律や，教会の役割，そして，国家を人々にとって正当なものにするようないくつかの特定の文化的・歴史的シンボルの想起や，アイデンティティの形成を融合することも含んでいる。国際社会はめったに理解できないが，東ティモールのような現代の平和構築プロセスに並行した政治形態は存在するのである。東ティモールでは，近代的国家が，このような政治形態に収斂し始めているようだ。このことは，ソロモン諸島では公式な意味ではまだ起こってないことであるが，非公式には，始まっている。例えば，ローカルかつ国際的立憲主義的法律家たちから成るチームが，現在国家と封建的諸制度を融合させるという意味合いの活動をしているが，このようなプロセスは，すでに地域を越えて広がっている。

　これは，アフガニスタンの大統領であるハーミド・カルザイがアフガニスタンの文脈で要求してきたことでもある。彼は，タリバンや種々の派閥のような，困難な行為主体を包含しようと試みる「大テント」戦略を展開した。しかし，トリックルダウンに期待するエリートの行動に見られるような国家建設の弱点が顕在化したために，強力な行為主体による包括的国家の創出というこの試みは，軍閥による合従連衡や持続的なタリバンの反乱を導いた。しかし，カルザイは，ローカルなアイデンティティや宗教や伝統や社会を尊重しさえすれ

ば，リベラルな民主主義は達成可能であると主張している。

　リベラルな平和構築の支持者にとって勇気づけられることに，平和構築の
ローカルな行為主体は，しばしば国際的ドナーとの関係を発展させようとす
る。彼らは，民主主義，人権，自由貿易や法の支配を支持する議論を展開する
が，しかしこれらを同時にローカル化しようともする。つまり，ローカルな文
脈がもつダイナミズムに適合する例外や修正を要求する。彼らは，ある時はリ
ベラルな規範と対立するが，またある時にはリベラルな規範から学ぶのである。

　ほとんどの平和構築と国家建設の事例について顕著なことは，不平等や社会
的排除（すなわち，貧困や不平等の非常に高い統計的指標）が，しばしば平和のプロ
セスが始まった時点からほとんど変化がないということである。（安全の配当が
あったのだとしても，）実際には日常生活の中では，平和の配当はそれほど多く
はないということである。

　国際支援とその実現は，これら多くのローカルな現場に生起する平和にとっ
て必要である。しかし，究極的には，現在出現しつつあるポストリベラルでハ
イブリッドな形態の平和は，ローカルな正統性を達成するための「ローカルな
オーナーシップ」に依存しているのである。

平和をつくること

　平和構築や国家建設の政策において直面する問題が提起する問いは，非公式
なローカルアクターの範囲からどのような平和への貢献が許容され，外的に支
援されるのかというものである。協同や協調は，村，共同体，都市，国家そし
て国際組織において，人類史上ずっと，社会や政治の形成にとっての主要な起
動要因であり続けてきた。平和システムは暴力や戦争に付随して発生するとい
うことが，広く人類学者によって受け入れられている。信頼のネットワークや
市民社会，そして社会運動は，平和や秩序を脅かすような暴力や不平等に関連
した問題をめぐって結集する。言い換えれば，少なくとも部分的には，社会は
平和でありたいと願い，その方向に向かう文化的枠組みを適用し，そのように
するための社会的・政治的・経済的そして制度的手段をつくり出す。

ここに「平和をつくり出す」プロセスが生起する潜在的余地が存在する。平和をつくり出すことは，社会的・親族的・慣習的ネットワークの上に実現する。これは，組合や慈善団体，あるいは地域的な貿易ネットワークに至るまでの様々なタイプの自発的結社を含む。市民社会にとっては，公式の国際的な支援が必要だろう。埋め込まれた不正義や不平等に抗するために，ローカルからグローバルに至るまでの豊かな関係性やネットワークの網の目が出現している。1990年代の初頭からソマリアの事例で示されているように，国家が存在しない，あるいは機能していない場合でも，非暴力的抵抗が自己組織化する，あるいは公共サービスや安全保障や警察機能までの支援が提供されるということは，よくあることであった。これらは，日常的な公共サービス——健康，教育，基本的な安全やニーズ——を提供することを目的とすることが多い。

平和のプロジェクトが，ローカルに正当化された諸制度，過程，習慣，アイデンティティ，そして行為主体やそのニーズに基づいていることが，死活的に重要である。このようなプロセスは，おそらくすべからく不可避的に，現地に根づき，国際的な支援を受けた広範なアクターによる最善の政治的選択となるだろう。このプロセスは，公式非公式のダイナミズム，国家，習慣，伝統との境界をあいまいにする。リベリアやバングラディッシュ，ブラジルに至るまで，しばしば女性たちの集団がこの前線に立つ。このプロセスは，国家や警察や市場ではなく，社会，村，コミュニティ，そして町を，平和の中心とする。

たとえ紛争によって深刻に分断されていようとも，こういったローカルな文脈における，より深い平和的行為主体の網の目は，概して国家や国際的なレベルの介入以前から存在してきた。平和プロセスの間に生起する紛争や多くの介入は，その紛争を新たな政治的合意へと変容させるのを助けるべく現れる新しい社会的・政治的プロジェクトやイノベーションを促進するかもしれない。また，このプロセスは，言うまでもなく，新たな形態のメディアやコミュニケーション，輸送や交易の連携，学問やグローバルな社会運動，国際NGOを通じた非公式のネットワークを利用するかもしれない。

もちろん，外的なサポートがなければ，そのようなローカルな動員が平和プロセスという意味で達成できるものは，非常に限られたものになるかもしれな

い。同様に，ローカルな平和形成のダイナミズムがなければ，国際的な行為主体はおそらく，十分に変化や変容を促進することができないだろうし，良くても，平和のハイブリッドな形態が消極的なものに終わってしまうだろう。

　初期のポスト冷戦における平和構築の枠組みの中には，平和をつくるためのヒントがあった。戦後のエルサルバドルにおいて，ユネスコは1992年に「平和の文化を確立するためのプログラム」を支援したが，これは，人間開発や貧困削減や根本原因への接近もまた，文化的意味で平和に関与することを前提としていた。1995年までには，これらのプログラムは，平和創造と，社会的価値や前提，あるいは歴史的視点や構造とを結びつけ，最終的には国民文化の一部となるべく，他の国々の中でもとりわけ，モザンビークやブルンジやフィリピンで実施された。このアプローチは，一般に，差異や連帯や社会的正義を重視することを意図し，権利や代表や正義が表出するような対話の広範な舞台や空間が確立することを目指した。それらは最終的には，かつて望まれた諸制度と融和するだろう。ローカルな平和構造は，草の根組織やローカルな委員会や協議会と，ローカルでナショナルな政府の諸制度とを結びつける。

　1999年のシエラレオネにおけるロメ協定以後，平和確立委員会 (Commission for the consolidation of Peace) は，民主主義や人権などのための国民会議と共に設立された。国連の平和構築委員会もまた，これらの調整に一役買った。市民社会のメンバーをも包含した議会集団もまた，女性フォーラムをはじめとするフォーラムの領域を含む一つの共通の場としてのナショナルな平和のインフラストラクチャーを作り出すために設立された。同様に東ティモールでは，国連開発計画が土地とジェンダーの問題についての平和建設省の活動を支援してきた。ローカルな道具立てを使って紛争を仲介する長老たちや活動家たちのローカルな平和委員会もまた，ナショナルな平和委員会と同様に，公式の地方分権的な政府に統合されるようにならなければならない。

　様々な成功の程度がありながらも，ローカルな構造がナショナルな構造の中に徐々に打ち立てられてきた。ネパールもまた，このような道筋によって，平和復興庁 (Ministry of Peace and Reconstruction) が存在する。南スーダンでは，平和プロセスにおける関係者の幅を広げること，市民社会やコミュニティの参

加を高めること，そして広範な和解を可能にすることを目指して，伝統的手法を用いるのと同時に，2005年の和平合意を包括的に実行するために平和省（Ministry of Peace）が設立された。

　平和をつくり出し，そして，それを平和のインフラへと変換することは，一定程度，紛争管理と紛争解決におけるローカルで歴史的な実践の上になされる。1990年代初頭のソマリランドでは，ローカル化した平和合意が，慣習法を利用したローカルな長老たちによって導かれ，最終的には，部族に起因する上院や選ばれた政党代表を含む立憲主義的構造をもたらした。こういったことは，ビジネスマン，部族民，政治的指導者と同様に，草の根の人々によって導かれたソマリランド全域に渡る広範かつローカルな平和のための会議，あるいは議論から生成した。そして，それは依然として国家としては認められないものの，結果的に十分に安定した政体を生み出した。

　アフガニスタンでは，紛争解決の長年にわたる伝統が存在する。それは，ローカル・地方・国家レベルにおける部族の長老や，村の寄り合いや，ジルガの対話，そして，平和のための現地集会や寄り合いによるものである。政府の省庁によって運用される，コミュニティー開発委員会（the Community Development Councils）や国民連帯計画（the National Solidarity Programme）を通じて，これらの伝統は，平和や安定のより公式的な理解の一部となった。そしてそれはたとえ成功から遠かったとしても，生まれつつある国家の性質に関する，国際的な希望の一つとなった。

　ケニアでは，2007年における選挙後の暴力の後，オープンフォーラム（Open Forum）が作られ，「平和のための市民のアジェンダ（*Citizen's Agenda for Peace*）」が展開した。紛争が勃発すると，数週間のうちに社会のあらゆるセクターから直ちに個々人が集まった。これは，その後に幾多の平和委員会をもたらした，1993年の一つの女性団体によるそれ以前から始まっていた平和運動に根差していた。平和構築と紛争管理の国家政策（National Policy on Peacebuilding and Conflict Management）が2009年に出現し，そして，2008年の国民的調和と和解の法（the National Accord and Reconciliation Act）に基づき，あらゆる地域において平和委員会が設立された。こういったプロセスは，数多くの省庁や政府のレ

ベル，そしてメディアにも反映され，そしてハイレベルな平和プロセスにも連結された。市民社会や草の根の人々によってそれが強力に後押しされ，正当化された。

　このようなアジェンダは，主要な国際的ドナーの間の「脆弱国家に関与するためのニューディール」に関する2011年の釜山協定にも影響を与えた。この協定は，ミレニアム開発目標に則し，平和構築や国家建設の中心的な目標に言及し，合法的な政治や民衆の安全保障，そして正義の必要性を強調した。G7＋（すなわち，東ティモール，ソマリア，シエラレオネ，など15の諸国家が含まれた，いわゆる「脆弱国家」，すなわち，「誰もが去りたくなるようなクラブ」からなる組織）が，この協定に影響を与えた。このような展開は，ドナーや国家エリートのみならず，社会こそが平和と国家を建設するという考え方の先駆けをもたらした。このことは，「最後のものが最初になる」，すなわち部分的な逆転を意味し，平和についての西洋の知を洗練させることにつながったことは確かである。

エピローグ　平和の新しいアジェンダ

　　……平和の文化とは，個人・集団・民族の間に対話と交渉を通じて，諸問題を解決するために，暴力や紛争の根源に取り組むことによって，暴力を拒絶し，紛争を予防する一連の価値，態度，行動様式そして生活方法である。

国際連合決議A/Res/52/13（1997年11月20日）

A/Res/53/243（1999年10月6日）

平和の新しいアジェンダ

　本書の初めの三分の二で主題とした，平和のより古い概念は，徐々に現代世界に適合しなくなってきた。平和創造と平和創造が求めるその複雑な機構は，歴史を通じて著しく発展を遂げた。不平等，環境の非持続可能性，グローバルな資本の不安定な流れ，兵器取引，人身売買，そして核拡散に関するトランスナショナルな問題や政治的緊張に直面した時，平和の新しいアジェンダ，そして平和の新しい形態が明確に必要となる。

　ここ数十年に，これらの方法の可能性と弱点の両者が現れてきた。新しい形態の平和は複雑で，平和の国家的・国際的枠組みのみならず，ローカルなレベルの社会歴史的な規範や諸制度と調和した日常生活を持続させる必要がある。また国際的なコミュニティは，平和のローカルで日常的なパターンを支援するために，広い範囲で自らを順応させなければならない。しかしこのことは，おそらく世界政府を導くことにはならない（リベラルな国際主義者たちはこのことに失望するだろうし，政治的差異，あるいはアイデンティティの差異を重視する他の人々にとっては救いとなるだろう）。だがその代わりに，これによって，「複数の平和」が相互に結びつくことによる世界的なコミュニティが形成されるかもしれない。それは，協力や包摂や再分配だけが恒久的な平和のインフラストラクチャーを持続可能にさせるという，長期的な自明の理に照らされた，様々なタ

イプの国家や制度，規範を含んだものになるだろう。これが人間存在の不可避の事実であることは，歴史が示している。

　前に引用したUNESCOの「平和の文化」の定義は，今日までもっとも洗練された制度的理解の一つを代表している。しかし，世界銀行が推計するように，依然として15億人の人々が紛争に苛まれたままである。平和へのアプローチの豊かな歴史と遺産は，紛争がこれまでどのように歴史的に取り組まれ，どのように新しいアプローチが出現しているかを示している。

　第一に，勝者の平和は，依然として政策的思考において有効であり，紛争管理のアプローチに影響を与えている。しかし，1950年代から1970年代，スエズからキプロス，コンゴ，中東に適用された紛争管理の消極的な平和の枠組みにおけるだけでなく，特にアフガニスタンやイラクの文脈において，リベラルな平和維持，国家建設枠組みのいくつかの側面は批判を受けてきた。

　第二に，初期啓蒙主義時代の立憲主義的な平和のプロジェクトは，民主主義，人権，開発，そして自由貿易に光を当てることによって，勝者の平和に見られる，よりがさつな平和構想を乗り越える重要な試みであった。これは，平和の思想や実践において，ポスト啓蒙主義における進歩の基礎の大半を提供してきた。

　同様に，平和についての思考の第三の流れ——制度的平和は，今日の国連システムのほとんどのセクターの目標となっており，20世紀の主たる貢献を担っている。冷戦の終焉以来，このアプローチは，より広範に適用されるようになった。国内憲法の条文や国際条約に法制化された，安全保障，ガバナンス，法，市民社会，民主主義，人権，貿易が，この新しい平和の心臓部に位置づけられてきた。しかし，この平和はまた，平和のより限定された，新自由主義的な枠組みへと移行し始めてしまい，持続可能なものではないのではないかという不安を喚起した。

　リベラルな平和アプローチの第四のアプローチが発展したことによって，今日，現代のリベラルな平和の主要な要素としての「市民的平和（civic peace）」に関する市民社会やNGOの言説が登場した。この市民的平和はまた，紛争と暴力についての社会理論に基づいており，社会正義の目的を提供している。そし

図1 リベラルな平和の系譜

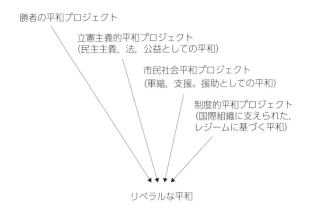

勝者の平和プロジェクト

立憲主義的平和プロジェクト
（民主主義，法，公益としての平和）

市民社会平和プロジェクト
（軍縮，支援。援助としての平和）

制度的平和プロジェクト
（国際組織に支えられた，
レジームに基づく平和）

リベラルな平和

図2 平和創造アプローチの三つの世代

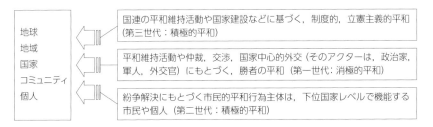

地球
地域
国家
コミュニティ
個人

国連の平和維持活動や国家建設などに基づく，制度的，立憲主義的平和
（第三世代：積極的平和）

平和維持活動や仲裁，交渉，国家中心的外交（そのアクターは，政治家，
軍人，外交官）にもとづく，勝者の平和（第一世代：消極的平和）

紛争解決にもとづく市民的平和行為主体は，下位国家レベルで機能する
市民や個人（第二世代：積極的平和）

てこの視点によって，積極的でハイブリッドな平和が可能となる。

　紛争解決として，リベラルな国家（あるいは2000年代のネオリベラルな国家）を
つくり出すことを目的としたリベラルな平和は，平和構築や国家建設というア
プローチを通じて，このような考え方の多くを一つにまとめた。それゆえ，安
全保障の問題や開発，様々な形態の平和構築に関する，国際・地域・国家・市
民社会のほとんどの政策や行為主体は，その先例にならった。冷戦終結以来，
これらの行為主体は，世界中の広い範囲の戦後の事例において，リベラルな平
和を採用したのである。

　リベラルな平和における四つの構成要素のすべて，すなわち，第一・第二・
第三世代の平和構築におけるアプローチ，そして，勝者の平和・立憲主義的平

和・制度的平和・市民社会の平和は，外的な行為主体の介入とローカルな行為主体，そして正統性がどのように融合するのかに依存している。リベラルな平和は図1のように，そして平和構築における初めの三つの世代は図2のように要約することができる（図1，2を参照）。

　平和の歴史的進化は次のようにまとめることができる。古代から中世においては，勝者の平和や，戦争を避けるための賢明な統治，戦争を終結させるための休戦協定や，繁栄や豊かさの達成がもたらす優位性の自覚，そして，哲学的多元主義や平和主義を述べ伝える宗教運動や社会運動の役割の高まりなどの展開が見られた。

　次の啓蒙主義的時代では，国家の行動を規制する法や規範，（立憲主義的平和として知られる）自由主義的な社会契約，奴隷制に反対する社会運動，参政権，軍縮，平和主義，そして今日人権や自由貿易と呼ばれるものへの配慮が付加された。

　そして現代では，（市民的平和として知られる）平等や社会正義と並んで，社会やジェンダーをめぐる争点へも関心が拡張した。また，制度的平和を形づくる国際組織，法，議会などの誕生も見られた。他にも，民族自決，発展，支援，そしてより重要な民主主義的平和も出現した。また最近，これらの価値を実現するために，世界中の紛争後の国々におけるトランスナショナルな正義のプロセスのみならず，人道的介入，リベラルな平和構築，新自由主義的な国家建設も発展を遂げた。

　こういった平和思想の主要な潮流の進化，そして平和を構築するアプローチの様々な世代は，現場，争点，行為主体の範囲を横断してその主たる前進を果たしてきた。ごくひかえめなやり方でその展開を振り返ってみただけだが，この平和の進化をめぐる記述は，次の世代にはいったい何が現れるのだろうという，次なる問いを喚起する。平和思想と実践の第4世代は，多元主義，不平等への国際的な応答，つまり，ローカルかつグローバルな再配分，そして新しい政治形態，あるいは平和について日常的でトランスナショナルな行為主体が広範に存在するという認識に基づく，ハイブリッドで，温情のこもった，解放的な平和の概念を包含するだろう。これが可能になるのは，極度に押しつけられ

114

たものではなく，むしろ，国際的行為主体とローカルな行為主体（そしてすでに述べたように平和についてのローカルなインフラストラクチャー）とが相互に協力し合い，様々なやり方でローカルに形成されるからである。またこういった状況こそが，平和の理論と実践の次なるステップに他ならず，国際的な能力や支援とならんで平和実践のローカルな形に基づく，ハイブリッドな形態におけるポスト・リベラルな平和（すなわち，平和の積極的でハイブリッドな形態）の出現を示唆しているのである。

　今日では，貧困や不平等からはじまり，きれいな水や道路，食料，市場，公共サービスにアクセスできないといったことに至るまでの，紛争を引き起こす諸問題を広い範囲で快方に向かわせる一つの国際構造が存在する。その目的は，ローカルなニーズ，国際規範，そしてグローバルな政治経済の文脈で，より持続可能な平和をつくり出すことを助ける国際的な能力を向上させるだけでなく，紛争を引き起こすローカルな諸条件を転換させることにある。またこの国際構造は，人権や法の支配を見守り，社会契約を発展させ，地域の主権を護り，彼らが——その成功の程度はあるにせよ——グローバル化された市場に参入できるようにすることで，国家を自由民主主義的につくりかえるように試みる。

　総じて，こういった平和構造は，過去の紛争に応答し，未来の紛争を予防するために生成を遂げた。ただ，それはしばしば，国際システムにおける支配的な行為主体（つまり，西洋，あるいは発展したグローバル・ノース）の利益やイデオロギーを反映していた。しかしたとえそうであっても，これまで本書で述べてきたように，平和へのアプローチは，急速に発展を遂げており，人間的な日常生活を発展させる上で広範な影響をもたらしている。その到達は多岐に渡っている。しかしまだやらなければならないことも残っている。

　本書で概観してきたような，平等のための社会的な努力に加え，芸術や歴史や政治にまで渡る平和思想や平和創出の，豊穣で，グローバルな，そして歴史的な遺産によって，結果的に，相互に連関した，多元的な平和の形が生まれたのである。これらは，今でも生き続けている。そして，国際的，国家的，ローカルなダイナミズムの多くの文脈に影響を受けながら，「北の」リベラルな平

和と，他の多くのローカルな平和とのハイブリッドなかたちを映し出している。

　平和という発展途上の概念の究極には，人間の大多数が平和の文化を好んできたし，それに向かってアクティブに活動してきたという一般的な認識がある。人類史のすべてを通じ，また，人智のあらゆる領域を横断して，多くの人々は，平和の文化のために我を忘れて努力を重ねてきたのであり，それによって，未来世代が平和を建設し続けることができるように計り知れない財産を遺してきたのである。

さらに学ぶための参考文献

歴史の中の平和――古代から現代まで

孔子『論語』(貝塚茂樹訳 中央公論新社 2020年)

孫氏『新訂 孫子』(金谷治訳 岩波書店 2001年)

墨子『墨子』(森三樹三郎訳 筑摩書房 2012年)

トゥキュディデス『戦史』(久保正彰訳 中央公論新社 2013年)

アウグスティヌス『神の国』(服部英次郎・藤本雄三訳 全5巻 岩波書店 1982-91年)

エラスムス『平和の訴え』(箕輪三郎訳 岩波書店 1961年)

マキャヴェッリ『君主論』(河島英昭訳 岩波書店 1998年)

トマス・ホッブズ『リヴァイアサン』(加藤節訳 筑摩書房 2022年)

ジョン・ロック『寛容についての手紙』(加藤節・李静和訳 全2巻 岩波書店 2018年)

サン-ピエール『永久平和論』(本田裕志訳 京都大学学術出版会 全2巻 2013年)

ジャン＝ジャック・ルソー『社会契約論』(作田啓一訳 白水社 2010年)

カント『永遠平和のために』(宇都宮芳明訳 岩波書店 1985年)

リチャード・タック『戦争と平和の権利――政治思想と国際秩序:グロティウスからカン
トまで』(萩原能久訳 風行社 2015年)

G. W. F. ヘーゲル『政治論文集』(金子武蔵訳 岩波書店 全2巻 1967年)

マイケル・ハワード『クラウゼヴィッツ――「戦争論」の思想』(奥山真司監訳, 古池典
久・中谷寛士訳 勁草書房 2021年)

ジョン・スチュアート・ミル『自由論』(斉藤悦則訳 光文社 2012年)

ヘンリー・D.ソロー『市民の反抗 他五篇』(飯田実訳 岩波書店 1997年)

カール・マルクス, フリードリヒ・エンゲルス『共産党宣言』(森田成也訳 光文社 2020年)

L. N. トルストイ『戦争と平和』(工藤精一郎訳 新潮社 全4巻 2005-06年)

マハトマ・ガンディー『私の非暴力〔新装合本〕』(森本達雄訳 みすず書房 2021年)

A. アインシュタイン, S. フロイト『ひとはなぜ戦争をするのか』(浅見昇吾訳 講談社
2016年)

J.M.ケインズ『ケインズ全集〈第2巻〉平和の経済的帰結』(早坂忠訳 東洋経済新報社
1977年)

E.H. カー『危機の二十年――理想と現実』(原彬久訳 岩波書店 2011年)

ヘンリー・A・キッシンジャー『キッシンジャー　回復された世界平和』(伊藤幸雄・石
津朋之訳 原書房 2009年)

平和と暴力の解釈をめぐって

ヨハン・ガルトゥング『構造的暴力と平和』(高柳先男・塩屋保・酒井由美子訳 中央大学
　　出版部 1991年)

ミシェル・フーコー『知の考古学』(慎改康之訳 河出書房新社 2012年)

マイケル・ウォルツァー『戦争を論ずる——正戦のモラル・リアリティ』(駒村圭吾・鈴
　　木正彦・松元雅和訳 風行社 2008年)

千葉眞 編『平和の政治思想史』(おうふう 2009年)

高畠通敏『平和研究講義』(五十嵐暁郎・佐々木寛編 岩波書店 2020年)

松元雅和『平和主義とは何か——政治哲学で考える戦争と平和』(中央公論新社 2013年)

「勝者の平和」を相対化する

パウロ・フレイレ『被抑圧者の教育学』(三砂ちづる訳 亜紀書房 2011年)

フランツ・ファノン『地に呪われたる者』(鈴木道彦・浦野衣子訳 みすず書房 2015年)

ジェームズ・C.スコット『ゾミア——脱国家の世界史』(佐藤仁ほか訳 みすず書房 2013
　　年)

G.C. スピヴァク『サバルタンは語ることができるか』(上村忠男訳 みすず書房 1998年)

C. ダグラス・ラミス『ガンジーの危険な平和憲法案』(集英社 2009年)

「リベラルな平和」について考える

入江昭『二十世紀の戦争と平和』(東京大学出版会 2000年)

スタンリー・ホフマン『国境を超える義務——節度ある国際政治を求めて』(最上敏樹訳
　　三省堂 1985年)

ポール・ハースト『戦争と権力——国家，軍事紛争と国際システム』(佐々木寛訳 岩波書
　　店 2009年)

デヴィッド・ヘルド『デモクラシーと世界秩序——地球市民の政治学』(佐々木寛・遠藤
　　誠治・小林誠・土井美徳・山田竜作訳 NTT出版 2002年)

リチャード・フォーク『パワー・シフト——新しい世界秩序に向かって』(前田幸男・千
　　葉眞・小林誠・小松﨑利明・清水奈名子訳 岩波書店 2020年)

「市民的平和」

E.M. エンツェンスベルガー『武器を持たない戦士たち——国際赤十字』(小山千早訳 新
　　評論 2003年)

国境なき医師団編『国境なき医師団は見た——国際紛争の内実』(鈴木主税訳 日本経済評
　　論社 1994年)

メアリー・カルドー『グローバル市民社会論——戦争へのひとつの回答』(山本武彦・宮

脇昇・木村真紀・大西崇介訳 法政大学出版局 2007年）

クマール・ルペシンゲ『予防外交——「紛争の時代」の新たなる指針』（辰巳雅世子訳 ダイヤモンド社 1998年）

ジーン・シャープ『市民力による防衛——軍事力に頼らない社会へ』（三石善吉訳 法政大学出版局 2016年）

中村哲『アフガニスタンの診療所から』（筑摩書房 2005年）

目加田説子『行動する市民が世界を変えた——クラスター爆弾禁止運動とグローバルNGOパワー』（毎日新聞社 2009年）

大橋正明・谷山博史ほか編『非戦・対話・NGO——国境を越え，世代を受け継ぐ私たちの歩み』（新評論 2017年）

平和維持，平和構築，国家建設

G.ジョン・アイケンベリー『アフター・ヴィクトリー——戦後構築の論理と行動』（鈴木康雄訳 NTT出版 2004年）

リチャード・フォーク『人道的介入と合法的闘い——21世紀の平和と正義を求めて』（川崎孝子監訳・川崎晋訳 東信堂 2020年）

ヨハン・ガルトゥング『ガルトゥング紛争解決学入門——コンフリクト・ワークへの招待』（藤田明史・奥本京子・トランセンド研究会訳 法律文化社 2014年）

藤重博美・上杉勇司・古澤嘉朗『ハイブリッドな国家建設——自由主義と現地重視の狭間で』（ナカニシヤ出版 2019年）

東大作『内戦と和平——現代戦争をどう終わらせるか』（中央公論新社 2020年）

山下光『国際平和協力 シリーズ戦争学入門』（創元社 2022年）

「ハイブリッドな平和」を考えるために——「文明」転換としての平和

日本平和学会編『新世紀の平和研究』（早稲田大学出版部 2001年）

日本平和学会編『「3・11」後の平和学』（早稲田大学出版部 2013年）

日本平和学会編『平和を考えるための100冊＋α』（法律文化社 2014年）

日本平和学会編『平和学事典』（丸善出版 2023年）

日本平和学会編『シリーズ〈文明と平和学〉1 「3・11」からの平和学——「脱原子力型社会」に向けて』（明石書店 2023年）

訳者あとがき

　本書の刊行は，筆者（訳者）の怠惰と無能から大幅に遅れた。しかし，「平和」
を主題にする本書が，期せずしてウクライナ戦争のただ中で刊行されることに
なり，この間多くのことを考えさせられた。「訳者解説」でも述べたように，
ここ百年間でつくりあげられてきたリベラルな国際秩序や「平和」のあり方が，
世界の「非極化」の中で根底から揺らいでいる。またその背景では，人間の営
みとしての〈政治〉の力をはるかに凌駕し，もはやそれを嘲笑するかのような，
地球大に肥大化した資本主義の妖怪が闊歩している。しかし私たちは，（リッ
チモンド氏も示唆するように）既存の立憲主義や法，国際組織や市民社会といっ
たまさに「リベラル」な諸制度の力に依拠する以外に，依然として現代の「平
和」をつくり，維持する方法を見いだすことができない。残る方途は，「リベ
ラル」を再度鍛え上げるしかないのである。そのためには，新自由主義という
病巣に覆われた「リベラル」を，その根源から徹底的に批判しつくす必要があ
る。本書を手に取る読者が，現代の「絶望」の理由と，それを個々の現場で克
服していくヒントを少しでも得ることができるならば，望外の喜びである。本
書を，「戦争の物語」ではなく，「平和の物語」を生きようとするすべての読者
に贈りたい。

　最後に，訳出に際して，リッチモンド氏の英文が醸す流麗な雰囲気を十分に
表現することはできなかった。また，何度も見直したが，大きな誤解も少なか
らずあるに違いない。版を重ね，改訂の機会が与えられれば随時修正していき
たい。

　本書を刊行する上で，大学院進学の準備も兼ねていっしょに本書を読み進め
た中原澪佳さんや大津瞳さんなど，新潟国際情報大学の卒業生諸君にも感謝を
申し上げたい。そして何より，本書の価値を理解し，筆者のわがままな願いに
いつも対応してくださった，日本平和学会の小西英央さん，それから法律文化

社の畑光さんと八木達也さんに心よりお礼を申し上げたい。これらの方々がいなければ，本書は世に出なかった。

2023年8月6日

佐々木　寛

著者紹介

オリバー・リッチモンド（Oliver P. Richmond）

　マンチェスター大学教授。専門は，国際関係論，平和研究，紛争研究。2019年，世界国際関係学会（ISA）から「Eminent Scholar Award」を受賞。パルグレイブ・ブック・シリーズ「平和紛争研究の再考（Rethinking Peace and Conflict Studie）」や，『パルグレイブ平和紛争研究事典（The Palgrave Encyclopedia of Peace and Conflict Studies）』，雑誌『平和構築（Peacebuilding）』などの共同編集者。英国王立芸術協会フェロー。近著として，*Failed Peacemaking: Counter-Peace and International Order*,（Co-Author MacMillan, 2023），*Peace in Digital International Relations: Prospects and Limitations*（Co-Author Cambridge University Press, 2022），*The Grand Design: Peace in the 21st Century*（Oxford University Press, 2022）など。

佐々木　寛（ささき　ひろし）

　新潟国際情報大学教授。専門は，平和研究，現代政治理論。立教大学法学部助手，日本学術振興会特別研究員（PD）を経て，現職。2008-09年カリフォルニア大学バークレー校客員研究員，2014-16年日本平和学会会長。近著として，「平和研究の再定位──『文明』転換の学へ」（日本平和学会編『平和学事典』丸善出版 2023年），「〈文明〉転換への挑戦──エネルギー・デモクラシーの論理と実践」（『世界』岩波書店 2020年），訳書として，ポール・ハースト『戦争と権力──国家，軍事紛争と国際システム』（岩波書店 2009年），デヴィッド・ヘルド『デモクラシーと世界秩序──地球市民の政治学』（共訳 NTT出版 2002年）など。

Horitsu Bunka Sha

平和理論入門

2023 年 11 月 30 日　初版第 1 刷発行

著　者　オリバー・リッチモンド

訳　者　佐々木 寛

発行者　畑　　光

発行所　株式会社 法律文化社

〒603-8053
京都市北区上賀茂岩ヶ垣内町71
電話 075(791)7131　FAX 075(721)8400
https://www.hou-bun.com/

印刷：共同印刷工業㈱／製本：㈲坂井製本所
装幀：谷本天志

ISBN 978-4-589-04278-1

© 2023 Hiroshi Sasaki Printed in Japan

日本平和学会編

戦争と平和を考えるNHKドキュメンタリー

A 5 判・204頁・2200円

平和研究・教育のための映像資料として重要なNHKドキュメンタリーを厳選し，学術的知見を踏まえ概説。50本以上の貴重な映像（番組）が伝える史実の中の肉声・表情から，戦争と平和の実像を体感・想像し，「平和とは何か」をあらためて思考する。

日本平和学会編

平和を考えるための100冊+α

A 5 判・298頁・2200円

平和について考えるために読むべき書物を解説した書評集。古典から新刊まで名著や定番の書物を厳選。要点を整理・概観したうえ，考えるきっかけを提示する。平和でない実態を知り，多面的な平和に出会うことができる。

日本平和学会編

平和をめぐる14の論点
—平和研究が問い続けること—

A 5 判・326頁・2530円

いま平和研究は，複雑化する様々な問題にどのように向きあうべきか。平和研究の独自性や原動力を再認識し，果たすべき役割を明確にしつつ，対象・論点への研究手法や視座を明示する。各論考とも命題を示し論証しながら解明する。

広島市立大学広島平和研究所編

広島発の平和学
—戦争と平和を考える13講—

A 5 判・278頁・2310円

広島における平和研究の叡智を発信する学術論考集。〈広島／ヒロシマ〉を他国の眼差しから照射し，学際的，多面的に考察する視座を提供。平和な世界を創造する手立てとして国際秩序／制度や国際法／憲法にかかわる新たなパラダイムを探究する。

平井 朗・横山正樹・小山英之編

平 和 学 の い ま
—地球・自分・未来をつなぐ見取図—

A 5 判・194頁・2420円

グローバル化社会のもとで複雑化する今日的課題へ平和学からアプローチし，様々な問題の根源に迫る。平和創造の学問である平和学の理論的展開を踏まえ，その役割とアイデンティティを探究し，私たちが平和創造にどのようにかかわるかも明示する。

————法律文化社————

表示価格は消費税10%を含んだ価格です